MINHA ALMA ANSEIA POR DEUS

SHEILA
WALSH

MINHA ALMA ANSEIA POR DEUS

Descubra a alegria de compreender
a vontade do Pai para sua vida

Tradução
Idiomas & Cia, por Maria Lucia Godde Cortez

THOMAS NELSON
BRASIL®

Rio de Janeiro, 2016

Título original: *The Longing in Me*

As citações bíblicas são da *Nova Versão Internacional* (NVI), da Biblica, Inc., a menos que seja especificada outra versão da Bíblia Sagrada.

Os pontos de vista desta obra são de responsabilidade de seus autores e colaboradores diretos, não refletindo necessariamente a posição da Thomas Nelson Brasil, da HarperCollins Christian Publishing ou de sua equipe editorial.

Publisher	*Omar de Souza*
Editores	*Aldo Menezes e Samuel Coto*
Coordenação de produção	*Thalita Ramalho*
Produção editorial	*Lara Gouvêa*
Copidesque	*Idiomas & Cia, por Ana Carla Santos*
Revisão	*Marcus Braga e Antonielle Menezes*
Capa	*Douglas Lucas*
Diagramação	*Abreu's System*

CIP-BRASIL. CATALOGAÇÃO NA FONTE
SINDICATO NACIONAL DOS EDITORES DE LIVROS, RJ

W19m

Walsh, Sheila, 1956-
Minha alma anseia por Deus : descubra a alegria de compreender a vontade do pai para sua vida / Sheila Walsh; tradução Idiomas & Cia, por Maria Lucia Godde Cortez. - 1ª ed. - Rio de Janeiro: Thomas Nelson Brasil, 2016.

Tradução de: The longing in me
ISBN 978-85-7860-872-9

1. Deus 2. Cristianismo. 3. Vida cristã. I. Título.

16-33097. CDD: 220.6
CDU: 27-276

Thomas Nelson Brasil é uma marca licenciada à Vida Melhor Editora S.A.

Rua Nova Jerusalém, 345 – Bonsucesso
Rio de Janeiro – RJ – CEP 21042-235
Tel.: (21) 3882-8200 – Fax: (21) 3882-8212 / 3882-8313
www.thomasnelson.com.br

Este livro é dedicado à memória do meu amigo e agente
Lee Hough, que não anseia nada mais, porque está finalmente em casa.

Os livros ou a música em que nos parecia morar a beleza vão trair-nos se neles confiarmos; ela não estava neles, apenas nos vinha por intermédio deles, e o que nos vinha era um grande anseio. Tudo isso — a beleza, a memória do nosso passado — são belas imagens do que realmente desejamos. Mas quando confundidos com a coisa em si, transformam-se em ídolos mudos e despedaçam o coração de quem os adora.

Porque eles não são a coisa propriamente dita; são apenas o aroma de uma flor que não encontramos, o eco de uma melodia que não ouvimos, notícias de um país que nunca visitamos.[1]

— *C. S. Lewis*, O peso da glória

SUMÁRIO

INTRODUÇÃO

Parece-me que nunca podemos deixar de ansiar
e desejar enquanto estamos completamente
vivos. Há certas coisas que sentimos ser
belas e boas, e *devemos* ter fome delas.[1]

— *George Eliot*

ESCURECIA QUANDO ENTRAMOS NA A74, A ESTRADA que liga a costa oeste da Escócia ao Lake District, na Inglaterra. Chovia muito, razão pela qual meu marido estava sentado em silêncio há seis horas, concentrado na estrada à frente. Eu também estava quieta. Tinha uma terrível sensação de mau presságio, que não era o que você esperaria sentir na noite do seu casamento. Mesmo assim, não vi o acidente vindo.

Tudo que recordo agora é o som aterrorizante dos freios no asfalto e depois o som repugnante de um carro batendo em outro, depois em outro, do metal se contorcendo como um saca-rolha, de vidros quebrados voando pelo ar, visíveis pelos faróis do trânsito do outro lado. Então, por um instante... silêncio.

Quando meu marido se certificou de que eu não estava gravemente ferida, ele saiu do carro para ver o que havia acontecido. Éramos o sexto em um engavetamento de dez carros. O homem que havia batido na traseira do nosso carro veio até o lado do passageiro e abriu minha porta.

— Você precisa sair — ele disse, secando um pequeno filete de sangue que escorria de um corte em sua testa. — Alguns desses carros podem pegar fogo.

Meu joelho direito sangrava no local em que se chocara contra alguma coisa no painel, eu tinha um corte do lado direito da cabeça que sangrava e pingava na minha orelha e na gola da minha blusa. Peguei minha echarpe e pressionei-a contra o corte enquanto retirava o cinto de segurança e saía. O trânsito do outro lado havia parado. Pelo brilho dos faróis, vi uma mulher deitada ao lado da estrada, um homem debruçado sobre ela, chamando seu nome. Não sei se ela havia sido atingida ao atravessar a estrada ou se fora lançada para fora de seu carro. Os dois primeiros carros ficaram quase irreconhecíveis; o segundo estava pior. Toda a frente havia sido esmagada e torcida. O motorista tombou por cima do volante. Seu corpo estava em um ângulo completamente anormal. Alguém soluçou na parte de trás do carro. Ouvi uma mulher na multidão de observadores que se aproximava rapidamente dizendo ser médica, então saí do caminho.

Eu não fazia ideia de onde estávamos. Ainda estávamos na Escócia ou havíamos atravessado a fronteira com a Inglaterra? Olhei em volta, tentando me orientar. Tudo o que eu podia ver dos dois lados da estrada eram campos. Sentei-me na grama molhada, com minha roupa já ensanguentada e arruinada. À distância, luzes azuis brilhantes se aproximavam cada vez mais, com sirenes tocando. Olhei para o nosso carro, amassado na frente e atrás, constatando que certamente seria impossível dirigi-lo.

Naquele instante, algo muito estranho aconteceu. Eu me ouvi dizer em voz alta: "Este é o retrato da sua vida agora, Sheila. Você lutou contra todos para poder se casar com este homem, e agora está feito, ninguém se importa mais. Você está por conta própria".

Eu não fazia ideia naquela noite do quanto essas palavras provariam ser verdadeiras.

Durante os últimos trinta anos desde aquela noite sangrenta, escrevi muitos livros, mas nunca falei sobre o meu primeiro casamento. Em parte, porque uma pessoa nunca pode fazer um relato preciso de uma história que envolve duas vidas, e em parte porque houve tantos momentos dolorosos que precisei de tempo para começar a processá-los e entendê-los.

Em dezembro de 2012, meu ex-marido morreu. Pela primeira vez sinto que posso contar esta parte da minha história, não para ferir sua memória de maneira alguma, absolutamente, mas simplesmente para reconhecer minha parte dessa jornada e as lições que Cristo continua a me ensinar hoje ao longo dessa estrada sinuosa pela qual todos nós viajamos.

Em "Little Gidding", o último dos quatro poemas de *Quatro quartetos*, de T. S. Eliot, ele escreveu:

Não deixaremos de explorar
E no fim do nosso explorar
Será começar onde começamos
E conhecer o lugar pela primeira vez.[2]

Amo esses versos. Escrevi-os diversas vezes ao longo dos anos porque eles ecoam profundamente dentro de mim.

Eles dizem algo a você?

Deixe-me perguntar-lhe: alguma vez você já se sentiu como se continuasse voltando ao mesmo lugar na vida vez após vez, perguntando-se por que está ali outra vez? Será que não aprendeu tudo o que tinha de aprender na última vez?

Você já jurou que nunca repetiria os mesmos erros, nunca reagiria da mesma maneira, no entanto ali estava você novamente, de volta ao mesmo lugar mais uma vez!

O que tenho aprendido é que se eu não entender por que reajo de determinada maneira diante de um conjunto particular de circunstâncias, passarei por elas outra e outra vez. O coração humano anseia por conclusão e entendimento. De muitas maneiras, ele anseia por endireitar os erros da nossa infância a fim de nos sentirmos mais no controle das situações sobre as quais não tínhamos controle quando crianças. Tentamos mudar o fim de alguma coisa que nos assustava terrivelmente. Minha oração neste livro é que eu possa ajudar você a encontrar a única verdadeira fonte que pode suprir seus anseios mais profundos para mudar a maneira como reage aos estresses da vida, para lhe dar ferramentas reais para curá-lo do passado e encontrar alegria hoje.

Quando procurei alguém para nos acompanhar nesta viagem, não encontrei outro melhor que o rei Davi, o maior rei que Israel já teve. Ele era conhecido como "um homem segundo o coração de Deus" (ver 1Samuel 13:14; Atos 13:22), no entanto fez algumas das piores escolhas, que custaram caro a ele e a outros. Ao percorrermos a vida de Davi, a minha vida e as de outras mulheres, vamos estudar os anseios que todos nós temos e aprender a canalizá-los para conhecer mais a Deus e para determinar o que fazer quando nos perdemos no caminho. Os anseios fazem parte da vida. Eles não são inerentemente bons ou maus.

Um bebê vem ao mundo com anseios muito primais:

Ser abraçado.
Ser alimentado.
Dormir.
Ser limpo e seco.

Os bebês não se perguntam se aquele é um bom momento para suas mães responderem ou não por ser plena madrugada; eles simplesmente gritam sua necessidade até serem ouvidos. Os anseios continuam em nossa vida adulta.

Ansiamos por ser vistos.
Ansiamos por ser escolhidos.
Ansiamos por ser amados.
Ansiamos por saber que importamos.

Quando esses anseios não são supridos, o que fazemos? Para onde vamos?

E talvez até mais desconcertante: por que, mesmo quando esses anseios são atendidos, uma dor ainda maior permanece?

Creio que essa é uma dor sagrada, um anseio pelo próprio coração de Deus.

Sinto que eu deveria ser um pouco mais franca aqui e revelar a você um segredo que descobri que mudou (e continua a mudar) tudo em minha vida, a cada momento. Ele me ajuda a entender o passado, a me envolver plenamente no presente, e a encontrar esperança para o futuro. É uma verdade desconcertante, difícil de entender, que vai abalar seu mundo: por maior que seja o seu anseio por Deus, ele nunca, jamais se comparará ao anseio dele por você!

Minha oração por você agora, querido leitor, é que Deus lhe conceda a graça e a coragem para buscá-lo e para descobrir, ao longo desse caminho interrompido, o quanto Deus sempre o amou e o buscou incansavelmente.

UM

O anseio por ser escolhida

Completa e totalmente escolhida; completa e totalmente conhecida. As coisas boas e más, todas elas conhecidas! Isso não o impediu de dar tudo de si por nós, e ele ainda continua dando. Muitos não podem conhecer o poder desse privilégio sagrado até que sofram o bastante na vida para entender sua necessidade dele.[1]

— *Mike Colaw*

Vocês não me escolheram, mas eu os escolhi para irem e darem fruto, fruto que permaneça, a fim de que o Pai lhes conceda o que pedirem em meu nome. Este é o meu mandamento: Amem-se uns aos outros.

— *João 15:16-17*

ELE ERA UM TÉCNICO DE LABORATÓRIO DO DEPARTAmento de física da minha escola na época do Ensino Médio. Não me lembro do nome dele, mas lembro-me de seu rosto porque sonhava com ele à noite. Ele tinha cabelos longos e escuros que rodeavam o colarinho de seu jaleco branco de laboratório, grandes olhos castanhos e barba suficiente para lançá-lo em minha imaginação como um homem misterioso. Não era particularmente alto, tinha cerca de um metro e setenta, mas eu decidi que Deus havia colocado muitas qualidades masculinas em cada centímetro dele.

Parte de mim sabia que ele estava fora do meu alcance. Afinal, ele era tecnicamente parte da "equipe", enquanto eu era apenas uma aluna desajeitada do último ano do Ensino Médio. Eu tinha cabelos oleosos e espinhas no queixo que tentava cobrir com uma maquiagem própria para acne "cor da pele" (que eu tenho certeza que teria tido o resultado desejado para alguém que tivesse nascido com um queixo alaranjado).

Mesmo assim, eu ousava sonhar. Imaginava-me andando pelo corredor da escola, carregando meus livros, quando de repente *ele* esbarraria em mim, derrubando-me e fazendo com que meus livros caíssem e se espalhassem por todos os lados. Ele, é claro, se desculparia insistentemente enquanto abaixava para apanhá-los. Nossos olhos se encontrariam. Ele sustentaria o meu olhar por alguns segundos mais do que o normal, e enquanto meu rosto adquirisse um tom rosado atraente e feminino, ele seguraria minha mão e me ajudaria a levantar.

— Você vai estar no baile de formatura este fim de semana? — ele perguntaria.

— Sim — eu responderia, com um leve tremor em minha voz, algo que eu decidi que os homens achavam atraente.

— Você reservaria uma dança para mim? — ele perguntaria.

Nesse momento eu ficaria um pouco em dúvida. Deveria responder: "Vou reservar todas para você!" ou "Vou tentar reservar uma para você"? Eu não queria parecer desesperada nem disponível demais ou desinteressada. Não há nada em ser criada como uma batista escocesa que pudesse preparar uma menina para os caminhos do amor.

Durante os três dias que faltavam para o baile, eu passei pelo laboratório dele, carregada de livros, tantas vezes que tive de pedir duas aspirinas à enfermeira da escola para aliviar a dor em meus ombros... Mas foi em vão. Ele não apareceu, muito menos me encontrou.

Eu nem sabia se ele estaria no baile de formatura, até ouvir por alto Laura (o nome foi alterado por motivos óbvios) mencionar o nome dele enquanto eu esperava na fila do ônibus da escola. Laura era linda. Tinha cabelos longos, sedosos, castanhos; olhos castanhos expressivos e uma pele espetacularmente perfeita. Laura e eu fazíamos várias aulas juntas, mas não creio que ela sequer soubesse meu nome. Eu não fazia parte da multidão de gente bonita que a reverenciava como sua líder, por isso captei apenas partes da conversa na fila do ônibus, mas ouvi o suficiente para saber que "ele" estaria no baile de formatura. De modo insensato, soltei:

— Isso é tão legal!

Laura e duas de suas amigas se viraram para ver quem havia estourado a bolha dourada da conversa delas com um rompante tão grosseiro.

— Sinto muito, — eu disse — acho apenas que ele é um ótimo técnico de laboratório e que isso deve ser cansativo, por isso deve ser bom sair um pouco.

A cada palavra patética que saía da minha boca e passava pelo meu queixo marcado, as garotas se afastavam um pouco mais. Felizmente, o alívio daquele constrangimento veio na forma de ônibus escolar, que fazia um pouco mais de barulho do que eu.

Na noite do baile, previ o início da fase mais romântica da minha vida; eu estava vestida e pronta três horas antes da hora necessária para sair. Não sabia o que fazer comigo mesma, então fiquei andando pela sala de visitas até minha mãe me pedir para parar antes que fosse preciso substituir o tapete. Finalmente chegou a hora de sair, e o pai da minha amiga Moira estacionou o carro para levar nós duas até o salão da escola.

O comitê do baile havia feito um trabalho fantástico transformando a sala onde nos sentávamos todas as manhãs para nos reunirmos em uma boate sofisticada, com luzes que piscavam e a indispensável bola de discoteca. As primeiras músicas foram rápidas, e a maioria dos alunos dançou sem parceiros específicos. Mas então começou uma música lenta. Aqueles que não estavam namorando abriram espaço na pista, deixando nove ou dez casais sob as luzes. Retirei-me para um canto e fiquei com as costas contra a parede, sentindo uma solidão familiar me envolver, um sentimento que eu conhecia desde que meu pai se suicidara, quando eu ainda era uma criança. Eu tinha cinco anos de idade quando ele se afogou, e parte de mim estava se afogando desde então.

Olhei em volta pela sala procurando Moira. Em vez disso, eu *o* vi andando na minha direção. Olhei para ver quem estava ao meu lado. Seria Laura ou uma de suas amigas? Mas elas estavam de pé do outro lado do salão, observando-o aproximar-se cada vez mais de mim. Meu coração bateu como se fosse saltar do peito enquanto ele andava diretamente na minha direção e perguntava: "Você quer dançar?"

Acho que nem respondi. Apenas segurei sua mão estendida enquanto ele me conduzia para a pista de dança. Lembro-me da canção que tocava: "A Whiter Shade of Pale", uma canção antiga de Procol Harum. Eu sabia toda a letra. Era simplesmente perfeita. Descansei a cabeça no ombro dele enquanto dançávamos. Ergui a cabeça e olhei em seus olhos.

Foi quando tudo mudou. Ele disse:

— Sinto muito. Não posso fazer isso.

Então ele me soltou e foi até onde Laura e suas amigas estavam reunidas, rindo. Com certeza havia sido uma aposta, do tipo "por que você não dança com a garota esquisita?"

Pensei em dar uma de "Carrie" com eles, mas apenas saí dali e me escondi no banheiro das meninas até que Moira me encontrou quando seu pai chegou para nos levar para casa.

Até hoje, todos esses anos depois, ainda me lembro daquela sensação repugnante de bolo no estômago. Senti-me uma completa idiota e fiquei muito zangada. Estava zangada com Laura, estava zangada com as amigas dela. Estava zangada com o técnico de laboratório (quem, a propósito, vi de perto que havia deixado a barba crescer para cobrir uma espinha no queixo!), mas acima de tudo estava zangada comigo mesma.

Por que eu imaginei, ainda que por um segundo, que alguém tão atraente me escolheria?

Por que eu havia deixado eles me fazerem de boba?

Por que eu havia me colocado em posição de ser magoada mais uma vez?

Eu estava com nojo de mim mesma e sentia-me profundamente só.

Você já se sentiu assim?

Você ousou sonhar por apenas um instante que seria escolhida, apenas para se decepcionar mais uma vez, e agora precisa se lembrar de que nunca será "aquela garota".

Muitas vezes me perguntei se é por isso que as menininhas amam os contos de fadas. Será por que eles sempre têm um final feliz?

Será que nós amamos essas histórias porque nelas a garota com quem nos identificamos é escolhida, ainda que seja a menos provável, obrigada a varrer o chão enquanto suas irmãs feias e más se preparam para o baile e, mesmo assim, ela é escolhida no fim? Ou é porque depois que a história dá uma virada desastrosa e ela dá uma mordida na maçã envenenada, quando tudo parece perdido, o príncipe chega e a salva? Os créditos vão passando na tela. Em nossas imaginações tão reais, elas vivem uma vida perfeita.

Essas são histórias da nossa infância, mas parece que hoje precisamos de uma história que nos leve além da nossa infância, para dentro da vida de jovens adultas.

Em 2005, a escritora norte-americana Stephenie Meyer publicou o primeiro dos quatro livros de sua série romântica fantasiosa sobre vampiros e lobisomens. A heroína da história é uma garota bastante comum chamada Bella Swan, que se apaixona por Edward Cullen, um vampiro de 104 anos. A série vendeu mais de 120 milhões de cópias e foi traduzida para 38 idiomas. Em 2008, o último dos quatro livros,

Amanhecer, ganhou o prêmio British Book Award na categoria Livro Infantil do Ano, e no ano seguinte a série conquistou o prêmio de Livro Favorito no Kid's Choice Award.[2]

Pense nisto por um instante. Uma série de livros sobre uma garota comum sendo perseguida por um vampiro e um lobisomem, em vez de aterrorizar o coração e a mente de milhões de crianças e jovens mulheres em todo o mundo, os cativou. Por quê?

Será porque Edward sabia de cada passo dela, porque ele a observava dia e noite, e sabia se ela estava correndo algum perigo? Será porque entre todas as garotas que ele havia conhecido durante os 104 anos em que esteve morto-vivo (pense nisso, são muitas garotas), ele a escolheu?

Seja qual for o motivo, isso falou profundamente aos corações e tocou o anseio do coração de cada garota, aquele anseio de ser separada e escolhida.

Quer seja como Bela de *Crepúsculo* ou como Cinderela, lá no fundo, todas nós ansiamos por ser vistas e conhecidas, amadas e escolhidas. Se vivêssemos essa história em nossas vidas reais, não teríamos necessidade de contos de fadas ou de sagas de vampiros, porque não teríamos lacunas para preencher com contos de fadas.

Bem, não estou sugerindo que toda garotinha que ama se vestir como sua princesa favorita da Disney esteja tentando preencher um vazio. Fazer isso simplesmente faz parte da fantasia divertida da infância. Esses contos infantis podem simplesmente fazer parte da rotina normal da vida. Mas para algumas de nós, eles enfatizam e aprofundam o anseio de um coração partido. Quando tivemos uma infância feliz e fomos bem-criadas por nossos pais, nosso radar interno procura essas qualidades admiráveis em um par. Queremos alguém com bons limites e com uma autoestima saudável, alguém que possa administrar um orçamento, que respeite os outros e nos respeite.

Muitas de nós fomos profundamente feridas na infância, por isso temos uma imagem distorcida de como essa conexão deveria ser. O anseio inato por sermos amadas e escolhidas pode nos levar a situações muito prejudiciais. Simplesmente não temos uma imagem clara do que é "normal", e uma perspectiva distorcida pode nos levar por muitos caminhos diferentes de sofrimento.

Li que os predadores sexuais podem sentir quando uma jovem está com o coração partido e desesperada por afeto, quase como se ela emitisse um sinal de radar que diz que ela está procurando amor e aceitação. E ela aceitará o "amor" sob qualquer forma quando ele for lhe oferecido.

O anseio por ser escolhida é profundamente primal. Quando uma garotinha tem um relacionamento saudável com seu pai, quando ela sabe que é amada e valorizada, então esse anseio instintivo ocupa seu lugar com todos os demais desejos e necessidades da vida. Ele tem o peso que deveria ter. Mas quando esse anseio não é suprido na infância, o anseio por ser escolhida se torna uma força motriz em sua vida. Quando era uma garotinha, eu me sentia descoberta, exposta e desprotegida. Esse foi o prelúdio perfeito para escolhas desesperadas.

Eu havia acabado de liderar a adoração ao lado de Graham Kendrick e sua banda no palco principal do maior festival cristão de artes da Grã-Bretanha, o Greenbelt. Era um dia de agosto extraordinariamente quente e úmido. Algumas amigas e eu abrimos caminho em meio ao vasto campo, no qual o palco estava em uma extremidade e os stands de venda na outra. Precisávamos de alguma coisa gelada para beber em um dia quente.

De repente, ouvi o ruído do motor de um carro e pensei: *Quem é o idiota que está dirigindo pelo campo?*

Logo isso ficou claro quando o carro estacionou bem ao nosso lado. O motorista olhou para mim e disse:

— Posso falar com você um instante?

Olhei em volta. *Ele estava falando comigo?*

Ele riu, depois saiu do carro e pisou no campo enlameado. Observei os bicos finos de seus sapatos. O homem estendeu a mão, apresentou-se — vou chamá-lo de John — e acrescentou:

— Sou diretor de uma gravadora.

E então ele mencionou alguns dos artistas com quem trabalhava. Agora eu estava ouvindo.

— Você tem uma voz incrível — ele disse.

Pude sentir meu rosto enrubescer.

— Obrigada — eu disse, observando o sotaque escocês dele.

Ele voltou ao carro com os pés cheios de lama.

Corri para alcançar minhas amigas.

— Quem era aquele sujeito no carro vermelho? — uma delas perguntou.

— Alguém que tem mais dinheiro do que bom senso! — eu disse. — Imagine dirigir um carro como aquele por um campo enlameado como este!

Voltei a encontrá-lo apenas várias semanas depois, durante o meu primeiro concerto solo — algo que me aterrorizava. Graham Kendrick, mais conhecido por escrever canções de louvor poderosas, era meu coordenador no *British Youth for Christ* [Juventude Britânica para Cristo]. Graham escrevera algumas canções especificamente para mim. Eu me sentia muito mais confortável com o único papel que conhecia, como *backing vocal* da banda, mas ele me encorajou a ir além e ver como Deus poderia me usar sob os holofotes. Meu primeiro concerto aconteceu em um acampamento de férias na Inglaterra, que fazíamos por algumas semanas a cada ano no outono para receber uma convenção cristã muito conservadora. Como membro da equipe do Juventude para Cristo, eu era vista como uma pessoa confiável e fui levada para "entreter os jovens". Eu tinha grandes dúvidas sobre o quanto minha apresentação seria interessante, mas a noite provou ser um evento transformador de muitas maneiras.

A sala de concertos encheu-se rapidamente enquanto os rumores de que haveria uma banda (em vez de uma única guitarra acústica com um pandeiro) se espalhavam como fogo. A apresentação da banda foi ótima. Amei as canções que Graham escreveu. Surpreendi a mim mesma amando cada minuto da apresentação. Na última música, a multidão ficou de pé, gritando e aplaudindo enquanto pedia mais. Foi revigorante e desgastante. Naquela noite, tive uma sensação profunda de propósito. Finalmente havia encontrado um modo de transmitir o amor de Deus de uma maneira que fazia sentido para mim. Pensei em todas as noites em que eu havia caminhado pela praia, cantando para Deus, falando com ele sobre minha dor e meus questionamentos, porém profundamente tomada pelo seu amor apaixonado e incessante. Agora eu podia cantar essa verdade em voz alta para outros. Que maravilha!

Quando saí do palco naquela noite, o homem do carro vermelho esportivo e sem bom senso estava de pé ali perto.

— Você foi incrível — ele disse.

— É mesmo?

Ele se aproximou.

— Quero que você assine com a minha gravadora.

— Bem, isso seria difícil. Estou com o pessoal do Juventude para Cristo, então não posso fazer isso.

Em vez de ouvir o que eu tentara dizer, ele disse:

— Posso fazer as coisas acontecerem.

Tive uma forte convicção de que ele estava certo.

Quando finalmente voltei à minha pequena cabana naquela noite, fiquei relembrando os acontecimentos daquele dia em minha cabeça, que foram emocionantes para uma garota como eu. Eu nunca havia sido escolhida para nada, mas naquela noite a multidão votara em favor da menos provável de todas: eu.

Isso lhe soa familiar? Esse também parece ser o jeito de Deus.

> Irmãos, pensem no que vocês eram quando foram chamados. Poucos eram sábios segundo os padrões humanos; poucos eram poderosos; poucos eram de nobre nascimento. Mas Deus escolheu o que para o mundo é loucura para envergonhar os sábios, e escolheu o que para o mundo é fraqueza para envergonhar o que é forte. Ele escolheu o que para o mundo é insignificante, desprezado e o que nada é, para reduzir a nada o que é (1Coríntios 1:26-28).

Muitas vezes me pergunto o quanto nós, que estamos na igreja, levamos a sério essa passagem. Tendemos a olhar para os mais articulados e mais capacitados entre nós, mas Deus usa um conjunto de escalas diferente ao avaliar uma vida. Ele olha para o coração. Se você considerar apenas as duas últimas linhas da passagem anterior, que diz que Deus "escolheu o que para o mundo é insignificante, desprezado e o que nada é, para reduzir a nada o que é", perceberá que é exatamente o que aconteceu na história da vida de Davi, o menino pastor que Deus escolheu para ser rei de Israel.

Nada nos primeiros dias de Davi teria feito alguém acreditar que ele seria o escolhido. Nem mesmo seu próprio pai o considerou, mas, por outro lado, até o profeta de Deus, Samuel, enganou-se sobre o jovem.

Antes de nos apresentar Davi, a Bíblia nos dá uma imagem do que acontece quando o povo de Deus pensa que sabe de quem ele precisa mais do que Deus sabe: ele se coloca em uma situação arriscada.

Você já fez isso? Já fez uma oração e depois ficou profundamente grata ao olhar para trás, por Deus não tê-la atendido da maneira que você havia pedido? Eu já.

Davi não foi o primeiro rei escolhido pelo povo. Ele não era o que eles queriam. Você pode ler a história inteira em 1Samuel 8 a 10, mas deixe-me dar-lhe a minha versão reduzida.

Antes de Israel ter um rei, os juízes a governavam — alguns bons, outros nem tanto. Samuel foi o último dos juízes. Ele era um homem idoso quando os anciãos de Israel foram à sua casa em Ramá. Eles haviam ido até lá para fazer uma espécie de intervenção. Eis a razão: Samuel envelhecera e continuava a julgar em Ramá e nas cidades vizinhas, mas ele havia indicado seus dois filhos caloteiros como juízes na fronteira sul de Israel. Se ele devia ter feito isso ou não é questionável, porque ao longo do livro de Juízes nos é dito que Deus apontou um novo juiz. Acrescente isso ao fato de que seus filhos extorquiam o povo e desvirtuavam a justiça, e você tem uma imagem do quadro de caos que levou a esse encontro com Samuel. Os anciãos colocaram as cartas na mesa:

E disseram-lhe: "Tu já estás idoso, e teus filhos não andam em teus caminhos; escolhe agora um rei para que nos lidere, à semelhança das outras nações" (1Samuel 8:5).

Essa é uma afirmação tripla muito triste quando pensamos nela:

1. Você está velho demais.
2. Seus filhos são incorrigíveis.
3. Queremos ser como as outras nações.

Israel, o povo escolhido de Deus, queria ser como todo mundo. Samuel ficou arrasado pelo povo demonstrar tamanha falta de fé. Não apenas isso, mas ele carregou a dor de ver seus próprios filhos rejeitarem tudo o que ele havia lhes ensinado.

Algumas de vocês podem estar passando por isso agora mesmo. O inimigo parece ter prazer em torturar pais que foram fiéis, mas cujos filhos parecem não ter fé. Nosso filho, Christian, está prestes a ir para a faculdade enquanto escrevo estas linhas, e ele é um garoto excelente, mas sei que haverá momentos na vida em que precisarei resistir aos tormentos do inimigo e me firmar na verdade de que o nosso Deus é soberano e meu filho está na agenda dele, não na minha. Nada acontecerá ao seu filho hoje ou amanhã que não passe pelas mãos misericordiosas de Deus, embora às vezes pareça uma misericórdia severa e manchada pelas lágrimas.

Há muitas lições para aprendermos com a infidelidade do povo de Deus. Os filhos de Israel exigiram um rei, mas eles já tinham um Rei. Eles sempre tiveram um Rei divino em Deus. Mas agora eles queriam o que fazia sentido para eles, o que eles podiam ver com seus próprios olhos.

Algumas vezes me pergunto se sou muito diferente deles.

A Palavra de Deus é recheada com mais de três mil promessas. Mas quando enfrento uma temporada difícil, eu quero sinais tangíveis de que Deus está agindo em meu favor.

Você já esteve nessa mesma condição?

Ansiamos por amor e aceitação. Sabemos que Deus nos ama, mas não podemos vê-lo com nossos olhos, sentir seus braços ao nosso redor ou ouvir sua voz audível nos dizendo que somos amadas. Então ansiamos encontrar esse tipo de amor e aceitação em outra pessoa.

Se eu pudesse voltar no tempo e falar comigo mesma enquanto eu estava ali de pé, constrangida sob uma bola de discoteca, ou alcançar a mim mesma correndo sobre aquele campo enlameado, ou interromper o entusiasmo depois do meu primeiro concerto, eu diria: "Sheila, você foi escolhida. Foi escolhida por aquele que nunca desistirá de você. Você é amada por ele quando a multidão celebra e ainda quando as luzes se apagam e todos vão embora".

Mas nós não podemos fazer isso, não é mesmo? Como T. S. Elliot escreveu, continuamos voltando e nos vendo no mesmo lugar outra vez, com um pouco mais de entendimento.

Então, voltando aos filhos de Israel. Deus disse a Samuel: "Se é isso que o povo quer, que eles tenham um rei".

Quando os israelitas olharam em volta, viram que todas as outras nações tinham um rei que era um forte líder guerreiro e os levaria à batalha. Então, eles queriam um rei-guerreiro vitorioso também. Não apenas isso, o povo queria um rei que parecesse um rei. Foi exatamente isso que eles tiveram em Saul. Ele era alto, moreno e bonito, mas naquele dia em que o povo clamou "Longa vida ao rei!", não fazia ideia do que havia acabado de contratar.

Saul começou bem, mas não demorou muito para mostrar o quanto seu caráter era realmente imperfeito. A vida é assim. Podemos usar uma máscara por algum tempo, mas acrescente pressão e estresse suficientes, e nossas feridas e imperfeiçoes virão à tona. O rei de Israel mostrou ser um homem mau, egoísta, mesquinho e violento. Mas aos olhos de Deus, ele era a lei em si. Por três vezes Samuel surpreendeu-o em atos graves de desobediência a Deus.

- Saul ofereceu um sacrifício que não tinha o direito de oferecer. Ele havia sido instruído a esperar por Samuel (ver 1Samuel 13).
- Ele conduziu todos os homens que estavam sob seus cuidados a fazerem um voto precipitado que quase custou a vida de seu próprio filho Jônatas (ver 1Samuel 14).
- Ele desobedeceu diretamente a uma instrução específica de Deus para matar o rei Acabe. Esse ato final de desafio lhe custou tudo e levou a estas trágicas palavras: "O Senhor arrependeu-se de ter estabelecido Saul como rei de Israel" (1Samuel 15:35).

A desobediência de Saul partiu o coração de Samuel. Ele sofreu tanto e por tanto tempo, que Deus finalmente interveio e disse: "Basta!" Deve ter parecido a Samuel que tudo havia dado errado. Mas ele viveria para ver que não importa quantas vezes nós falhamos com Deus. Ele nunca falha conosco.

Somos apresentados à pessoa de Davi em 1Samuel 16, mas antes disso podemos conhecer o seu caráter. Na última conversa que Samuel teve com Saul, ele disse: "Mas agora o seu reinado não permanecerá; o SENHOR procurou um homem segundo o seu coração" (1Samuel 13:14).

Que elogio incrível de Deus, uma carta de apresentação do Altíssimo! Não consigo pensar em nada que eu queira mais na vida do que isto: ser conhecida como uma mulher segundo o coração de Deus!

O Senhor instruiu Samuel a ir a Belém, onde já havia escolhido um rei entre os filhos de Jessé. Você se lembra de quem era Jessé? Era o neto de Rute e Boaz. A história de Rute é a antítese da história dos filhos de Israel. Ela não nasceu israelita, mas casou-se e entrou para a nação. Então, mesmo depois que seu marido morreu, ela recusou-se a abandonar sua sogra. Em vez disso, viajou com ela até Belém, dizendo: "O teu povo será o meu povo e o teu Deus será o meu Deus" (Rute 1:16). Essa fidelidade apaixonada atravessou os anos e também seria encontrada em um garoto adolescente que vigiava as ovelhas de seu pai.

Foi isto que Deus disse a Samuel para fazer:

> *"Leve um novilho com você e diga que foi sacrificar ao SENHOR. Convide Jessé para o sacrifício, e eu lhe mostrarei o que fazer. Você irá ungir para mim aquele que eu indicar". Samuel fez o que o SENHOR disse. Quando chegou a Belém, as autoridades da cidade foram encontrar-se com ele, tremendo de medo* (1Samuel 16:2-4).

Aqueles eram dias em que as pessoas ficavam alarmadas ao verem o profeta de Deus aparecer na cidade. De acordo com o escritor e professor G. Frederick Owen, "o povo estava em um caminho muito distante de Deus".[3] Mas corria a notícia de que o rei que eles haviam escolhido enlouquecera. Agora ali estava a boca de Deus, que aparecera sem ter sido convidado.

> E perguntaram: "Vens em paz?"
>
> Respondeu Samuel: "Sim, venho em paz; vim sacrificar ao SENHOR. Consagrem-se e venham ao sacrifício comigo". Então ele consagrou Jessé e os filhos dele e os convidou para o sacrifício.
>
> Quando chegaram, Samuel viu Eliabe e pensou: "Com certeza é este que o SENHOR quer ungir". O SENHOR, contudo, disse a Samuel: "Não considere sua aparência nem sua altura, pois eu o rejeitei. O SENHOR não vê como o homem: o homem vê a aparência, mas o SENHOR vê o coração" (1Samuel 16:4-7).

No instante em que Samuel viu o filho mais velho de Jessé, ele soube que havia encontrado o seu homem, mas, entretanto, Deus disse não. Eliabe era aquele que todos teriam escolhido: o mais velho, o mais forte e o mais belo, mas Deus disse a Samuel que já o havia rejeitado. Ele não passou na inspeção do coração.

Em seguida, Jessé ofereceu os outros seis filhos que havia levado com ele, e a cada um que apareceu Deus disse não.

Finalmente, Samuel perguntou se era tudo, ou se havia algum outro filho.

"Tem ainda o mais moço", Jessé respondeu. "Mas ele está nos campos pastoreando as ovelhas e cabras" (v. 11).

Não é interessante notar que Jessé não pensou que valia a pena trazer Davi? Afinal, quem era ele? Era apenas um garoto cuidando dos rebanhos. Mas enquanto ele pastoreava em silêncio, Deus o viu.

Agora, deixe-me perguntar-lhe: quantas oportunidades ministeriais você acha que Davi tinha no campo? Nenhuma que ele tenha percebido, mas Deus não perdeu nenhuma delas. Ele ouviu os salmos que Davi cantava para o rebanho. Ele viu a coragem quando Davi arriscou a própria vida para arrancar uma ovelha das garras de um urso e um jovem cabrito de um leão. Deus discerniu o coração de Davi e soube que o garoto que cantava no escuro e lutava na luz seria aquele que ele ungiria como rei de Israel.

Espero que isso encoraje você tanto quanto me encoraja. Se você tende a olhar para outras mulheres e se comparar com elas, essa história deve lhe servir como um toque de despertar. Mesmo dentro da igreja e das organizações paraeclesiásticas cristãs, costumamos discernir mal; somos atraídos pelo carisma mais do que pelo caráter de alguém. Mas o carisma se quebra sob a pressão, ao passo que o caráter não.

Davi nunca pediu para ser escolhido. Ele estava escondido, servindo a Deus com todo o coração, quando a escolha do Senhor escorreu como óleo sobre a sua cabeça. Eu, por outro lado, tinha uma necessidade desesperada de ser vista e escolhida. Quando a necessidade está no banco do motorista, você pode acabar na chuva ao lado da estrada, com cheiro de fumaça ao seu redor. Como eu, e também como a mulher a quem chamarei de Mary.

Nunca descobri qual era o seu verdadeiro nome, mas identifiquei-me com a história dela. Estávamos sentadas em lados opostos do saguão, esperando para embarcar em um voo. Perguntei se ela olharia minha mala enquanto eu ia pegar uma garrafa de água, e quando voltei, ela havia mudado de lugar para sentar ao meu lado.

— Li um dos seus livros — ela disse. — Creio que temos algumas coisas em comum.

Ela me contou que seu pai era um homem bom, mas que estava sempre ocupado quando ela era criança. Ele estava lá, mas nunca estava realmente presente.

— Mesmo quando tínhamos datas especiais, ele as perdia — ela disse. — Havia sempre um bom motivo, portanto, eu não podia ficar zangada com ele. Creio que eu simplesmente me acostumei com isso.

Ela me disse que ao longo do Ensino Médio e da faculdade havia ansiado encontrar alguém que fosse diferente, mas continuava escolhendo rapazes que nunca cumpriam sua palavra.

— Você poderia imaginar que eu deveria saber o que era certo — ela disse. — Eu sempre sentia que não era bonita o bastante ou magra o bastante. Eu simplesmente não era o bastante.

Nesse ponto do diálogo, a companhia aérea deu início ao procedimento de embarque do nosso voo, e nunca conseguimos terminar nossa conversa. Quando aterrissamos e fui retirar minha bagagem, ela havia desaparecido. Orei muito por Mary naquele dia. Orei para que ela soubesse que Deus cumpre todos os compromissos com suas filhas, mesmo quando nós nos esquecemos.

Você já esteve em uma situação semelhante à de Mary?

Foram seus anseios que a colocaram exatamente nessa posição?

Você se pega pensando que as coisas nunca irão mudar?

Quero fazer uma pausa aqui e reconhecer o quanto isso é doloroso, mas não quero deixar você aqui, parada neste ponto. Como filha do Altíssimo Deus, tudo pode mudar! É preciso apenas algum tempo e um pouco de comprometimento para começar a pensar de uma nova maneira.

Aqui, no fim deste capítulo, quero que você faça algo por mim. Quero sugerir que você pegue um pedaço de papel ou cartão e escreva nele:

> O Deus que me criou me escolheu como sua filha lindamente amada. Por causa disso, posso receber outras rejeições sem perder o equilíbrio.

Agora, coloque-o em algum lugar onde você possa vê-lo todos os dias, e leia-o várias vezes seguidas até começar a acreditar nisso mais do que na mentira que diz que você não é digna de ser escolhida. O Deus do universo já a escolheu e lhe diz: "Você é minha!"

DOIS

O anseio por ser protegida

Não consigo pensar em nenhuma necessidade tão forte na infância quanto a da proteção de um pai.[1]

— *Sigmund Freud*

O SENHOR é a minha luz e a minha salvação;
de quem terei temor?
O SENHOR é o meu forte refúgio; de quem terei medo?

— *Salmos 27:1*

ANTES DA LESÃO CEREBRAL DO MEU PAI, EU NÃO TINHA medo de nada. Subia em árvores e nunca pensava em cair, só conseguia enxergar o céu. Mas depois que ele sofreu uma lesão no cérebro, nada mais parecia seguro. Meu encontro final com papai gravou duas mensagens no delicado tecido do meu coração:

> Ninguém vai proteger você.
> Se você tentar proteger a si mesma, todos acabarão pagando.

Será que eu estava ciente dessas novas regras de vida? Absolutamente não. Mas as crianças fazem votos que transformam suas vidas e os carregam para a vida adulta, principalmente quando sentem que falharam com aqueles a quem amavam. Por causa do meu pai, vivi toda a minha vida nesse lugar de punição.

Para algumas crianças esse tipo de dano à alma acontece com o tempo, como o gotejar interminável e constante de uma torneira, desgastando a superfície de porcelana que está debaixo dela. Para outras, é como se uma bomba tivesse caído sobre suas vidas, desfigurando toda a paisagem. Foi assim que aconteceu para a minha família.

Meu pai foi hospitalizado depois de sofrer um grave aneurisma cerebral, mas os médicos permitiram que ele fosse para casa e continuasse o tratamento com fisioterapia e fonoaudiologia. Durante os dias e semanas que se seguiram, sua personalidade começou a mudar. Ele ficava muito zangado e falava impulsivamente, e depois disso, o que é pior, ele chorava. Ninguém no círculo daqueles que o amavam queria afirmar se era seguro ou não ter papai em casa.

Eu estava sentada junto à lareira, brincando com Heidi, minha cadela basset, quando ela começou a rosnar de repente. Eu nunca a ouvira rosnar antes, então virei-me para ver para quem ela estava rosnando. Naquele segundo aterrorizante, vi que meu pai estava prestes a bater com a bengala no meu crânio. Ele parecia um gigante pairando sobre mim. Não lembro se puxei a bengala ou se a empurrei para longe de mim, mas ele caiu com força e ficou deitado no tapete da sala de visitas, rugindo. Eu não tinha ideia de que, naquele momento, ao me defender, havia virado a casa de cabeça para baixo sobre todos nós. Nada nunca mais foi da mesma maneira. Papai terminou na ala de segurança de um hospício, mamãe perdeu seu marido, e eu privei minha irmã e meu irmão de um pai. Uma vida inteira é curta demais para pagar por esse tipo de dano colateral.

Algum tempo depois de ser levado para essa instituição, meu pai conseguir fugir uma noite. Então ele tirou a própria vida, afogando-se no rio que corria atrás do hospital.

Minha irmã, meu irmão e eu éramos pequenos demais para assistir ao funeral. E depois disso, raramente falamos sobre meu pai. Com certeza nunca falamos sobre o que aconteceu naquele dia. Até mesmo hoje não conseguimos falar em família com facilidade sobre esses acontecimentos.

Hoje sabemos muito mais sobre como ajudar crianças a processarem o trauma e a dor. Mas naquela época estou certa de que minha mãe pensou: *Se Sheila quiser falar, ela falará*. Ela não tinha como saber dos pensamentos agonizantes e cheios de vergonha que passavam pela minha cabeça ininterruptamente.

Em um dado momento — não sei quando — simplesmente decidi que eu nunca deveria causar problemas outra vez. Eu seria uma "boa garota" e seguiria as regras, fossem elas quais fossem. Jurei nunca derrubar outro gigante.

Conheço mulheres como eu o tempo todo, geralmente na igreja, porque é para lá que as "boas meninas" vão. Vamos porque amamos a Deus e queremos desesperadamente acreditar que ele nos ama. Voltamos porque estamos quebradas e a verdade está escorrendo de dentro de nós. Costumo pensar que seria útil se aquelas de nós que sofreram quedas e traumas quando crianças tivessem uma pequena tatuagem, que só fosse visível para outras que compartilham da mesma história familiar. Poderíamos nos encontrar, sentir compaixão umas das outras, compartilhar nossas histórias e nos curar. Mas não temos essas marcas que nos identificam, então a maioria de nós se sente como se estivesse completamente só. Leio essas cartas de solidão todos os dias, e choro com vocês porque vocês são muito mais belas, mais valiosas e mais fortes do que acreditam ser.

Uma menina que foi sexualmente violentada carrega um fardo que não estava destinada a carregar. Ele é pesado demais, adulto demais para alguém que deveria estar decidindo quais sapatos gostaria de usar naquele dia. A partir do momento em que esse limite sagrado foi atravessado, não há retorno, não há como deixar de saber para o que ela foi forçada a abrir espaço. À medida que ela avança para a vida de uma jovem adulta, é difícil separar o amor do sexo. Cada relacionamento, um após o outro, leva um pequeno pedaço da sua alma. Quando o "bom" amor a encontra, como ela pode juntar os trapos do seu passado com o vestido branco imaculado que o futuro oferece?

A menina cujo pai está presente, mas não está, fará qualquer coisa para chamar a atenção dele. A mensagem que está gravada em seu coração diz que ela não é bonita o bastante, que não é inteligente o bastante. Ela simplesmente *não é o bastante*. Assim, ela tenderá a gravitar ao redor de homens não disponíveis emocionalmente porque eles lhe são repugnantemente familiares.

A mulher que cresceu à sombra do terrível odor do alcoolismo senta-se com a cabeça entre as mãos tarde da noite em seu quarto, depois que seu marido embriagado adormece, e se pergunta: *Por quê? O que há de errado comigo para ter escolhido isto?*

Posso continuar a listar esses cenários interminavelmente.

Faço uma pausa por um instante e oro por você. Não sei quem você é ou qual é a sua história, mas Deus sabe, e ele a ama com um amor incrivelmente brilhante e restaurador. Neste momento, enquanto você lê estas palavras, eu me pergunto se você se recusa a deixar que elas entrem. Algumas das perguntas mais pesadas que já me fizeram foram por quê e onde.

- Se Deus me ama tanto, *onde* ele estava quando fui violentada?
- Se Deus me ama tanto, *por que* meu filho morreu?
- Se Deus me ama tanto, *por que* ele não impediu o que foi feito comigo?

Eu não tenho respostas. Nada. Poderia lhe dizer alguns versículos muito preciosos, mas eles não preencheriam o abismo desse tipo de perguntas. Contudo, ao longo dos anos que tenho andado com Deus, passei a entender que duas coisas que parecem contraditórias são verdadeiras:

* Deus é soberano, todo-poderoso.
* Deus é amor, amor puro e não adulterado.

A tensão está em dar a essas duas coisas um peso idêntico. Se Deus é soberano, então ele poderia ter impedido o que aconteceu. Mas Deus não as impediu, então como ele pode ser amor? E se a própria essência de Deus é o amor, mas ainda assim essas coisas terríveis aconteceram, então com certeza ele não pode ser todo-poderoso, caso contrário as teria impedido.

Creio que Deus é tanto amor puro *quanto* o único Deus todo-poderoso. Aprendi a dobrar meus joelhos diante desse paradoxo.

Deus nos lembra do quanto ele é muito diferente de você e de mim.

> *"Pois os meus pensamentos não são os pensamentos de vocês,*
> *nem os seus caminhos são os meus caminhos", declara o* SENHOR.
> *"Assim como os céus são mais altos do que a terra, também os*
> *meus caminhos são mais altos do que os seus caminhos, e os meus*
> *pensamentos, mais altos do que os seus pensamentos."*
> *(Isaías 55:8-9)*

Viver uma vida de fé é muito mais difícil do que simplesmente falar sobre fé. Deus ser Pai e ao mesmo tempo um ser santo e todo-poderoso é uma definição difícil de entender e abraçar. Durante a minha adolescência e ainda em meus vinte e poucos anos, eu achava muito mais fácil me relacionar com a pessoa de Jesus como irmão, do que com Deus como meu Pai. Jesus era bondoso e amoroso; ele tomava as dores do menos provável em uma multidão e fazia com que todos o deixassem em paz. Eu amava isso. Ele aparecia como o irmão mais velho que garantia que o valentão da escola soubesse: "Se você quiser pegá-la, terá de passar por mim." Eu amava a Deus como meu Pai, mas o medo se misturava a esse amor. Eu já havia estragado as coisas com um pai, portanto não podia me dar o luxo de fazer isso duas vezes. Os pensamentos de remorso e o anseio por tentar fazer tudo de novo que passavam pela minha mente quando jovem eram, na melhor das hipóteses, nada realistas.

Se eu pudesse apenas voltar àquele dia quando tinha cinco anos e mudar o resultado.

Se eu pudesse apenas ter acalmado meu pai para que ele nunca tivesse sido tirado de nós.

Se eu tivesse me comportado melhor, ele nunca teria ficado tão zangado.

Se eu não tivesse tentado me salvar, não teria perdido meu amado protetor.

Eu carregava dentro de mim o enorme peso de ter falhado em uma missão, para a qual nunca teria uma segunda chance. Pelo menos era assim que eu pensava.

Namorei o sujeito do carro esporte vermelho por algumas semanas. Ele era engraçado e me levava para comer em restaurantes que eu jamais poderia me dar o luxo de pagar com o salário que recebia do Juventude para Cristo. Creio que parte da razão de querer estar com ele era porque ele tinha quase quatorze anos a mais, e eu ansiava pela proteção de um pai.

Minhas duas amigas mais próximas eram contra o nosso namoro. Eu não conseguia entender por que, já que ele me tratava tão bem. Mas uma noite, Nancy e Raymond perguntaram se eu podia passar um tempo com eles. Concordei.

— Estamos preocupados com este relacionamento — Nancy me disse quando nos encontramos. Ela colocou uma mecha de cabelos loiros atrás das orelhas.

— Do que você está falando? — perguntei, enquanto dizia a mim mesma para não ficar na defensiva, não revidar, porque eu sabia que uma boa garota cristã sabia como engolir a vontade de retrucar. Ainda assim, suas palavras me feriram. Elas pareciam uma acusação.

— Ele é muito mais velho do que você — disse Raymond.

— E por que isso importa? — perguntei.

Nancy colocou a mão sobre a minha. Vi lágrimas nos olhos dela.

— Não sei como lhe dizer isso facilmente — ela disse — então vou simplesmente dizer de uma vez. Ele é divorciado. E isso não é tudo, ele também não tem uma reputação muito boa, Sheila.

Aquela informação me alarmou, e eu garanti a eles que conversaria com ele sobre isso.

Logo que tive uma oportunidade, conversei com ele sobre a preocupação dos meus amigos.

— Fiz algumas más escolhas no passado — ele disse — mas sou uma pessoa diferente agora.

Fiquei grata pela honestidade dele. Estava certa de que quando meus amigos o conhecessem, mudariam de ideia. As semanas se transformaram em meses.

Uma noite, ele me levou para um pequeno e adorável restaurante em Gales. De repente, ele puxou uma caixa com um anel dentro e ajoelhou-se ao lado da minha cadeira.

— Sheila, quer se casar comigo?

Tomada pela alegria, eu disse sim!

Naquela mesma noite eu veria meus amigos porque estávamos dirigindo o louvor em uma conferência em Gales. Eu não podia esperar para contar a eles a notícia do meu noivado.

Nunca esquecerei a expressão no rosto de Nancy. Quando mostrei a ela o anel, lágrimas desceram pelo seu rosto.

— Por favor, — ela disse — não se case com ele.

As palavras dela me devastaram. Esperava que meus amigos ficassem felizes por mim, mas estava claro que eles não estavam satisfeitos.

Porém, as vozes deles não foram as únicas vozes de discordância. O diretor do Juventude para Cristo foi à minha casa uma noite. Ele me disse:

— Sheila, espero que você saiba o quanto a amo, o quanto minha esposa se importa com você, o quanto você é querida para nossa equipe. Todos nós amamos você.

Engoli em seco, tentando me preparar para o *mas* dele que viria.

— Mas — ele disse — estamos todos orando para que você reconsidere esse casamento.

Ninguém na minha vida estava se alegrando comigo.

Quando penso em tudo isso agora, eu me pergunto por que me fechei para a preocupação dessas pessoas, para suas palavras de advertência tão coerentes. Uma pessoa saudável pelo menos faria uma pausa e recuaria um pouco, daria mais tempo para ter certeza absoluta sobre a decisão. Porém, aquele ataque irredutível teve o efeito oposto em mim. Pensei: *Vocês simplesmente não o entendem. Sim, ele fez algumas más escolhas, mas é uma pessoa diferente agora.*

Acredito sinceramente que se não tivesse havido oposição, nunca teríamos nos casado. Eu gostava muito dele, mas não estava vivendo nenhum grande romance. Em meu coração, decidi que o defenderia independentemente do que acontecesse. Dessa vez eu não abandonaria aquele que assumisse heroicamente o papel de meu protetor.

O dia do nosso casamento foi um triste acontecimento. Nenhum de meus amigos compareceram. Eles me disseram que estariam ao meu lado depois, mas que não podiam fazer parte da cerimônia. Então, somente a minha família compareceu. Tivemos um culto bastante curto, depois uma boa refeição em um hotel local, antes de pegarmos a estrada rumo ao sul. Sentada na grama molhada ao lado da pista naquela noite, com o sangue pingando da minha cabeça até meu ombro e olhando a cena do acidente, de carros destroçados e vidas destruídas, pensei em voz alta: "Você lutou contra todos para poder se casar com este homem, e agora está feito e ninguém mais se importa".

Uma garota fará quase qualquer coisa para se sentir protegida.

Às vezes os outros não podem nos proteger, então construímos muros ao redor de nós mesmos. Esses muros mantêm as pessoas de fora. Eles nos protegem. Mas também geram uma profunda solidão porque nunca permitimos que as pessoas, sejam elas quantas forem em nossas vidas, nos conheçam. Estar só não tem nada a ver com o número de pessoas em sua vida. Você pode estar sozinho em uma multidão, em uma igreja ou em uma reunião familiar. Ouço muito esta frase de outras mulheres: "Sinto-me tão só". Eu a ouço de mulheres solteiras e de mulheres casadas, jovens e maduras, de vidas que na superfície parecem ser muito boas e daquelas que estão claramente em crise. Quando você escolhe viver uma vida vulnerável e transparente como eu aprendi a viver, atrai o mesmo tipo de franqueza nos outros também. É uma confiança sagrada que nunca considero de forma leviana.

Recentemente, no fim de uma conferência em uma pequena igreja no centro-oeste do país, uma mulher (que me disse logo de início que tinha oitenta e dois anos) sussurrou para mim: "Fui violentada aos quatorze anos. Nunca contei isso a ninguém. Tenho vivido uma vida solitária desde então. Quis contar ao meu pai, mas tive medo que ele deixasse de me amar". Ela não derramou nenhuma lágrima por si mesma naquela noite, mas eu sim. Pensei em todos os relacionamentos que ela deve ter tido em sua vida: pais, irmãos, amigos que nunca conseguiram ver acima do muro que ela havia erguido em torno do seu coração para manter-se segura, mas que no fim a havia mantido efetivamente só.

A razão pela qual sempre fui atraída pela história do rei Davi é que, embora ele tenha errado gravemente muitas vezes, tinha um relacionamento com Deus incrivelmente aberto, honesto e vibrante. Mesmo quando apascentava ovelhas sozinho, estava claro que Davi nunca estava só, e ele sabia quem era o seu protetor. Ele não era cauteloso em seu diálogo com Deus. Se você ler alguns dos salmos, perceberá que eles nunca teriam chegado às bibliotecas das nossas igrejas do século XXI. Pense nestes exemplos:

Estou calado! Não posso abrir a boca,
pois tu mesmo fizeste isso.
Afasta de mim o teu açoite;
fui vencido pelo golpe da tua mão.
Tu repreendes e disciplinas o homem por causa do seu pecado;
como traça destróis o que ele mais valoriza;
de fato, o homem não passa de um sopro.

Ouve a minha oração, SENHOR;
escuta o meu grito de socorro;
não sejas indiferente ao meu lamento.
Pois sou para ti um estrangeiro,
como foram todos os meus antepassados.
Desvia de mim os teus olhos,
para que eu volte a ter alegria,
antes que eu me vá e deixe de existir.
(Salmos 39:9-13)

Até quando, Senhor? Para sempre te esquecerás de mim?
Até quando esconderás de mim o teu rosto?
Até quando terei inquietações e tristeza
no coração dia após dia?
Até quando o meu inimigo triunfará sobre mim?
Olha para mim e responde, Senhor, meu Deus.
(Salmos 13:1-3)

Você pode imaginar orar de uma maneira tão sincera como esta?

Pare de me açoitar!
Deixe-me em paz para que eu possa sorrir outra vez!
Ei! Você, Deus, volte-se e atenda-me!

No entanto, esse é aquele que por duas vezes foi chamado de um homem segundo o coração de Deus. Há algo na honestidade de Davi que precisamos insistir e cavar fundo para encontrar. Tenho fome de ser esse tipo de mulher verdadeira.

Passei os últimos meses estudando os livros de 1 e 2Samuel. Adquiri o hábito de ler todos os salmos em voz alta. Ao fazer isso, uma coisa se tornou muito clara para mim: Davi pode ter se escondido do rei Saul em algumas ocasiões, pode até ter fingido estar louco para salvar sua vida (ver 1Samuel 21:12-13), mas ele nunca se escondeu de Deus ou abandonou sua proteção. Davi sabia no fundo do seu ser que o único a quem ele podia correr em busca de proteção era o Senhor. Na solidão de seus primeiros anos como um menino pastor, ele aprendera essa importante verdade.

Nas noites frias pastoreando as ovelhas ou levando-as a pastos frescos nos campos nos quais Rute havia colhido grãos caídos no chão, Davi permanecia em constante comunicação com o Senhor. Seu amor por Deus se derramava de seu coração:

O Senhor é o meu pastor;
de nada terei falta [...]
Mesmo quando eu andar
por um vale de trevas e morte,
não temerei perigo algum,
pois tu estás comigo;
a tua vara e o teu cajado me protegem.
(Salmos 23:1,4)

Davi estava totalmente convencido de que aquele que não podia ser visto era o único digno de ser perseguido, o único cuja proteção importava. Porque Davi estava convicto do constante cuidado e da presença de Deus, ele podia enfrentar (e enfrentaria) gigantes. Muito antes de confrontar Golias, ele já havia se tornado um matador de gigantes.

Quando o jovem Davi disse ao rei Saul que lutaria contra Golias, Saul não o levou a sério. Afinal, ele era um menino pastor adolescente. Ouça a resposta de Davi:

> Teu servo toma conta das ovelhas de seu pai. Quando aparece um leão ou um urso e leva uma ovelha do rebanho, eu vou atrás dele, dou-lhe golpes e livro a ovelha de sua boca. Quando se vira contra mim, eu o pego pela juba e lhe dou golpes até matá-lo. Teu servo pôde matar um leão e um urso; esse filisteu incircunciso será como um deles, pois desafiou os exércitos do Deus vivo. O Senhor que me livrou das garras do leão e das garras do urso me livrará das mãos desse filisteu (1Samuel 17:34-37).

Podemos colher muitas lições desse capítulo da vida de Davi. Ele buscou a Deus fielmente quando ninguém estava olhando. Ele se apresentou com coragem e confiança para defender os indefesos, mesmo quando eram apenas ovelhas. Toda a força que ele tinha como rei de

Israel se desenvolveu em um lugar no qual ninguém o aplaudia ou observava. Ninguém a não ser Deus. Podemos ansiar pela proteção de um pai, mas o jovem Davi aprendeu que quando todos os demais lhe faltassem, até mesmo seu pai, Deus sempre o protegeria. Do mesmo modo, quando nosso anseio é dirigido a Deus, nunca somos deixados vazios e sozinhos. Essa convicção levou Davi do aprisco para um campo de batalha no qual nenhum outro homem era bravo o bastante para se posicionar.

Antes que você seja tentada a dizer "Bem, Davi era um homem poderoso que avançou em sua vida e provou ser um grande líder. Como posso me identificar com ele?", deixe-me lembrar-lhe a seguinte cena dos primeiros tempos de sua vida. Quando o profeta Samuel examinou os melhores dos melhores entre os filhos de Jessé, o pai de Davi sequer o chamou. Samuel, então, pensou instintivamente que Eliabe, o filho mais velho, mais forte e mais alto, seria a escolha de Deus para um rei. Mas Deus lhe disse: "Não considere sua aparência nem sua altura, pois eu o rejeitei. O SENHOR não vê como o homem: o homem vê a aparência, mas o SENHOR vê o coração" (1Samuel 16:7).

Esse mesmo Eliabe acovardou-se juntamente com o exército de Saul quando Golias ameaçou a nação. Ele ficou tão aterrorizado quanto todos os outros homens. Davi foi o único que entendeu uma verdade transformadora: não importa quão grande seja o gigante que você está enfrentando agora, Deus é maior. Ele é seu protetor.

Vamos voltar um pouco e analisar a cena. O exército de Israel estava em uma situação muito vulnerável e perigosa. Os inimigos podiam se aproximar do centro de Judá pela costa, cruzando através de seis vales. Os filisteus já controlavam dois deles: Sucote e Azeca. Agora eles desciam pelo vale de Elá. Se ganhassem mais território, logo ameaçariam Belém, Hebrom, e a cidade capital de Saul, Gibeá.

O vale de Elá era um imenso cânion, de quase de 1.600 quilômetros de extensão. Dos dois lados, a montanha se elevava por cerca de

800 quilômetros. O exército filisteu havia se agrupado de um lado do cânion, com o exército de Israel de frente para eles do outro lado. Todas as manhãs e noites durante quarenta dias, o campeão filisteu, Golias, o Rocky daquela época, fazia o desafio ameaçador: "Por que vocês estão se posicionando para a batalha? Não sou eu um filisteu, e vocês os servos de Saul? Escolham um homem para lutar comigo. Se ele puder lutar e vencer-me, nós seremos seus escravos; todavia, se eu o vencer e o puser fora de combate, vocês serão nossos escravos e nos servirão. E acrescentou: 'Eu desafio hoje as tropas de Israel! Mandem-me um homem para lutar sozinho comigo'" (1Samuel 17:8-10).

O que ele sugeriu não era uma briga justa. Vamos dar uma olhada no que sabemos sobre Golias. Tradicionalmente lemos que Golias tinha dois metros e noventa centímetros de altura (v. 14), o que corresponderia a um jogador da NBA. Esse é o Golias que encontramos na escola dominical e nos livros de história da Bíblia. Tiramos essa figura do que chamamos de Texto Massorético (TM), que significa o texto hebraico "recebido" no qual a maior parte do Antigo Testamento se baseia. Nos manuscritos da Septuaginta (o Grego LXX), porém, é dada a Golias uma altura menor, de dois metros e dois centímetros. Para a maior parte da era moderna, porém, o LXX tem sido visto como uma fonte secundária, não tão precisa quando o TM.

Você deve se lembrar, porém, que entre 1947 e 1956, foram descobertos documentos chamados de Pergaminhos do Mar Morto em onze cavernas ao longo da costa noroeste do mar Morto. Havia diversos pequenos fragmentos de 1 e 2Samuel. Algumas partes estavam severamente danificadas, mas uma grande peça (4QSam), 1Samuel 17:3-6, está muito clara. Esse é de longe o manuscrito hebraico mais antigo já descoberto, e nele Golias tem dois metros e dois centímetros.

Se você me acompanhou enquanto eu listava todas essas informações, talvez esteja se perguntando por que incluí esses dados aqui. Menciono isso por uma única razão. Está claro que, na verdade, não importa a altura de Golias. De uma forma ou outra, ele era um sujeito muito grande — e mau. Mas se ele realmente tinha dois metros e dois centímetros, ele devia ter quase a mesma altura do rei Saul, que era conhecido como alguém cuja cabeça e ombros estavam acima dos outros homens (ver 1Samuel 9:2). Em outras palavras, essa teria sido uma luta muito mais justa: um campeão alto contra outro. A verdade revelada nessa passagem é que Saul podia ter a altura de um campeão, mas ele não tinha o coração de um campeão. Esse coração estava somente em um menino pastor.

Lemos que durante quarenta dias, pela manhã e à noite, Golias estufou o peito diante dos israelitas, repetindo seu desafio zombeteiro. Quando enfrento um Golias em minha vida, alguma montanha que não posso sequer começar a imaginar como subir, as dúvidas me atingem com mais força pela manhã e à noite. Você não sente isso também? Você acorda de manhã e a primeira coisa que vem à sua mente é a realidade de que a montanha ainda está ali. E quando finalmente cai na cama à noite, a preocupação deita ali com você, lembrando-lhe da mesma montanha intransponível. A Bíblia nos diz que as ameaças diárias de Golias funcionaram, fazendo com que os israelitas duvidassem da proteção de Deus: "Ao ouvirem as palavras do filisteu, Saul e todos os israelitas ficaram atônitos e apavorados" (1Samuel 17:11).

Davi era jovem demais para lutar no exército, mas um dia seu pai, Jessé, pediu a ele para levar comida para seus irmãos e descobrir como eles estavam passando. Então Davi pediu a outro pastor para ficar de olho nas ovelhas enquanto ele realizava essa tarefa para seu pai. Deve ter sido uma tremenda visão para um garoto. Ele deveria ter a idade de um adolescente no Ensino Médio quando saiu de casa em Belém e cruzou as montanhas da Judeia até o acampamento do exército.

Quando ele chegou à última colina, o exército se espalhava como uma nuvem de gafanhotos pela encosta. Uma visão e tanto se você está acostumado a ver rebanhos de ovelhas. Os homens gritavam como se estivessem prontos para a batalha. Davi ficou empolgado ao ver o que estava acontecendo. "Davi deixou o que havia trazido com o responsável pelos suprimentos e correu para a linha de batalha para saber como estavam seus irmãos. Enquanto conversava com eles, Golias, o guerreiro filisteu de Gate, avançou e lançou seu desafio habitual; e Davi o ouviu" (1Samuel 17:22-23).

Lemos que os soldados ficaram aterrorizados e voltaram às suas tendas, deixando o garoto de pé ali, ouvindo o desafio de Golias. Enfurecido, Davi não podia acreditar que Golias ousava insultar o exército do seu Deus. Aquele era o quadragésimo primeiro dia em que os israelitas ouviam esse desafio zombeteiro, porém mais uma vez eles correram e se esconderam. Mas aquela era a primeira vez que Davi havia ouvido as zombarias de Golias. Davi permaneceu firme. Amo a maneira como ele encarou Golias: "Quem é esse filisteu incircunciso para desafiar os exércitos do Deus vivo?" (v. 26).

O rei Saul havia tentado incentivar os soldados oferecendo uma de suas filhas em casamento, grandes riquezas e liberação de impostos por toda a vida àquele que matasse Golias. O mais triste nessa história é que Saul era o único qualificado para o trabalho, mais alto que qualquer deles. Ele era o líder do exército. Mas Saul não estava andando próximo a Deus, e quando você não caminha perto de Deus, os gigantes parecem enormes ao passo que a proteção prometida por Deus diminui. O protetor de Davi era Deus, e esse tipo de fé reduziu para ele o tamanho de Golias.

Vale notar que em cada um dos quarenta dias anteriores, "Golias parou e gritou às tropas de Israel: Por que vocês estão se posicionando para a batalha?" (1Samuel 17:8). No quadragésimo primeiro dia, porém, lemos: "Os israelitas diziam entre si: 'Vocês viram aquele homem? Ele *veio* desafiar Israel'" (v. 25, grifo da autora). Golias agora estava se movendo. Ele se aproximou do exército israelita. O medo é assim. Se você não o desafiar em nome do Senhor, ele ocupará cada vez mais território em seu coração e em sua mente. Tudo de bom e reto dentro de Davi se levantou quando ele perguntou: "Quem é este incircunciso filisteu?"

Você poderia ser tentado a pensar que os irmãos de Davi ficariam orgulhosos de seu irmão mais novo. Infelizmente não foi esse o caso. Quando uma família segue um conjunto de regras não escritas e um membro quebra o padrão, decidindo não viver mais com medo, ele acaba perturbando todos os demais. As pessoas gostam do conforto que encontram na maneira como as coisas sempre foram. Elas não ficam satisfeitas com as pessoas que atingem a grandiosidade. E para seus irmãos, Davi era um pretensioso: "Quando Eliabe, o irmão mais velho, ouviu Davi falando com os soldados, ficou muito irritado com ele e perguntou: 'Por que você veio até aqui? Com quem deixou aquelas poucas ovelhas no deserto? Sei que você é presunçoso e que o seu coração é mau; você veio só para ver a batalha'" (1Samuel 17:28).

Você consegue ouvir o menosprezo no tom de Eliabe? Ele chega até mesmo a usar a expressão "poucas ovelhas"! Eliabe lembrou-se do dia em que havia sido apresentado a Samuel, mas fora preterido por seu irmão mais novo e mais baixo. Lembrou-se de Samuel derramando o óleo da unção sobre a cabeça de Davi, quando certamente ele deveria ter sido o escolhido. Qual é a lição aqui? Não se surpreenda se você for atacada quando decidir, pela graça de Deus, não viver mais com medo e em vez disso confrontar todos os Golias de sua vida, acreditando corajosamente que Deus é o seu protetor. O medo não paralisou Davi, tampouco devemos deixar que ele nos paralise.

Quando Saul ouviu que alguém pediu para enfrentar Golias, quis conhecê-lo. Estou certa de que ele esperava que fosse alguém que tivesse uma aparência forte e musculosa. Então, quando ele viu Davi, não se agradou e de início disse a ele para não ser ridículo. No fim, Saul acabou consentindo: "Vá, e que o SENHOR esteja com você" (1Samuel 17:37).

Essa última frase me faz sorrir. Ela tem aquele tom de "Você é um idiota, mas não quero ferir seus sentimentos!" Estou certa de que Saul achava que Davi tinha cerca de dez minutos de vida. Para dar ao rapaz uma aparente chance de combate, ele ofereceu a Davi sua armadura — adequada para um rei alto e lutador. Davi não podia sequer andar com ela. Há outra lição aqui: nunca tente usar a armadura de outra pessoa. Ela não vai caber em você. Não tente ser a próxima Beth Moore* ou Christine Caine**; Deus já tem essas pessoas. Precisamos de você!

Então Davi tirou a armadura, pegou cinco pedras lisas do ribeiro e colocou-as em seu alforje de pastor. Com sua funda na mão, ele saiu para enfrentar Golias.

Você pode imaginar isso? Golias não era apenas um homem extremamente alto, segundo todas as avaliações dos manuscritos, como ele também estava preparado e trajado para o combate. "Ele usava um capacete de bronze e vestia uma couraça de escamas de bronze que pesava sessenta quilos; nas pernas usava caneleiras de bronze e tinha um dardo de bronze pendurado nas costas. A haste de sua lança era parecida com uma lançadeira de tecelão, e sua ponta de ferro pesava sete quilos e duzentos gramas. Seu escudeiro ia à frente dele" (1Samuel 17:5-7).

Quando Golias viu Davi aproximar-se dele, ficou furioso. Parecia que os israelitas estavam tentando fazê-lo de bobo, enviando a mascote deles para enfrentá-lo.

> Enquanto isso, o filisteu, com seu escudeiro à frente, vinha se aproximando de Davi. Olhou para Davi com desprezo, viu que era só um rapaz, ruivo e de boa aparência, e fez pouco caso dele. Disse ele a Davi: "Por acaso sou um cão, para que você venha contra mim com pedaços de pau?" E o filisteu amaldiçoou Davi, invocando seus deuses, e disse: "Venha aqui, e darei sua carne às aves do céu e aos animais do campo!" (vv. 41-44).

---

* Wanda Elizabeth "Beth" Moore é uma evangelista norte-americana, autora, e professora da Bíblia. Ela é a fundadora dos Ministérios da Prova Viva, uma organização baseada na Bíblia para as mulheres residentes de Houston. (N.R)

** Christine Caine é ativista australiana, evangelista e palestrante internacional. (N.R)

É interessante como o inimigo baixa a guarda quando não nos parecemos muito com soldados. Mas deixe-me dizer-lhes, garotas, Deus está levantando para si um grupo de mulheres comuns que estão cansadas de ouvir os choramingos dos Golias das nossas vidas, e estamos prontas para ir contra eles em nome do Senhor! Por quê? Porque sabemos que Deus é o nosso protetor.

Davi ignorou os insultos que Golias proferiu contra ele e respondeu: "Você vem contra mim com espada, com lança e com dardos, mas eu vou contra você em nome do SENHOR dos Exércitos, o Deus dos exércitos de Israel, a quem você desafiou. Hoje mesmo o SENHOR o entregará nas minhas mãos, eu o matarei e cortarei a sua cabeça" (1Samuel 17:45-46).

Amo isso! Davi deixou claro que não estava preocupado em vencer Golias. Isso era trabalho de Deus. Ele só tinha de matá-lo e cortar sua cabeça. Este é um princípio-chave para todos os matadores de gigantes em potencial: a batalha é do Senhor! "Não por força nem por violência, mas pelo meu Espírito, diz o SENHOR dos Exércitos" (Zacarias 4:6).

Então Davi colocou uma pedra em sua funda, e ergueu-a acima da sua cabeça. Por um instante o ar encheu-se com o ruído do couro que ganhava velocidade. Então Davi soltou a pedra. Ela voou diretamente até o alvo, bem no centro da testa de Golias. O gigante caiu com o rosto e terra, morto, diante do menino pastor.

Com seu valentão morto, os filisteus se retiraram e foram perseguidos pelos israelitas. Muito sangue foi derramado naquele dia, mas não era o sangue dos israelitas. Davi caminhou até a tenda de Saul, ainda segurando a cabeça cortada de Golias.

E Saul lhe perguntou: "De quem você é filho, meu jovem?" (1Samuel 17:58).

Muitas histórias transformadoras começam com essa pergunta. Inclusive a minha. E a sua também.

E a verdade é que o nosso Pai no céu está totalmente comprometido em nos proteger.

Algumas de nós demoram muito tempo para crer nisso. Para Pam (esse não é o verdadeiro nome dela), isso salvou a sua vida.

Conheci-a durante uma visita a uma prisão. O carcereiro havia me dado permissão depois de falar à população carcerária de passar tempo com qualquer mulher que quisesse conversar em particular. Várias jovens contaram histórias terríveis de abuso e violência. Para muitas delas, a prisão havia se tornado o primeiro lugar onde elas se sentiam protegidas. Pam era a última da fila. Ela parecia ter cerca de quarenta anos, com tatuagens nos braços e no pescoço e uma cicatriz sobre o olho esquerdo.

Pam disse alguma coisa naquela noite que jamais esquecerei: "Deus me trouxe para a prisão para me libertar". Quando perguntei-lhe o que ela queria dizer, ela me contou sobre uma vida de violência. Seu pai era um bêbado que, em seu pior momento, batia em sua mãe e nela também quando Pam tentava intervir. Ela cresceu atormentada pelo medo.

— Então entrei para uma gangue. — ela disse — Decidi que ninguém nunca mais me bateria outra vez. Eu havia aprendido a me proteger.

Esta era sua quinta vez na prisão. A última condenação tinha uma sentença longa.

Pam me contou que uma noite, em sua cela, ela clamou a Deus: "Se você é real, preciso que me mostre isso agora mesmo".

Não houve nenhum relâmpago nem uma voz de trovão, mas Deus apareceu naquela noite para Pam. Ela descreveu o que aconteceu.

— Foi como se eu estivesse de pé sob uma cachoeira e tudo o que era sujo estava sendo lavado e eu estava limpa... realmente limpa, pela primeira vez.

Conversamos até que a guarda disse que era hora de Pam voltar à cela. Fiz-lhe uma última pergunta:

— Você ainda tem medo?

Ela sorriu ao se levantar para sair:

— Não, não tenho mais. Deus me protege agora.

A história de Pam é radical. A maioria de nós nunca estará em uma prisão, mas eu me pergunto se você já se sentiu aprisionada pelo medo. A verdade que restaurara a alma de Pam é uma verdade para você e para mim. Deus é o nosso protetor. Ele é o nosso esconderijo. Deus está ao lado daqueles que se voltam para ele na prisão e com aqueles que os buscam nos bancos de igreja e nos estacionamentos e nos quartos de toda a terra. Davi proclamou essa verdade quando era um menino nas montanhas, e ela o levou a enfrentar um gigante no vale. Ele cantava o que sabia ser verdade para que isso soasse mais alto que qualquer medo que tentasse se esgueirar pela porta dos fundos do seu coração. Essa não é uma má ideia!

Há alguns meses, reuni uma lista de canções de adoração que me lembram, quando me sinto pequena e vulnerável, que Deus está no trono e que ele é poderoso para salvar. Recomendo que você faça o mesmo.

TRÊS

O anseio pelo que já passou

Eu não sabia o que queria naquele tempo,
mas a dor que sentia por esse anseio era palpável.[1]

— *Sue Monk Kidd*

Depois que o menino foi embora, Davi saiu
do lado sul da pedra e inclinou-se três vezes
perante Jônatas com o rosto em terra. Então
despediram-se beijando um ao outro e chorando;
Davi chorou ainda mais do que Jônatas.

— *1Samuel 20:41*

BARRY, MEU MARIDO, É APAIXONADO POR MAGNÓLIAS. Na verdade, ele é mais apaixonado por arrancar os galhos das árvores de magnólia e decorar cada centímetro quadrado de nossa casa com as folhas verde escuras, quase enceradas, que continuam a florescer mesmo quando as flores já murcharam e caíram. Por ter sido criado na Carolina do Sul, para Barry as magnólias transmitem uma ideia de lar, particularmente na época do Natal. Eu associo a estação com enfeites brilhantes, enfeites de chocolate e grandes luzes coloridas na nossa árvore de Natal escocesa, mas para Barry, Natal é colocar guirlandas de magnólias em tudo o que não se move.

Quando nos casamos em dezembro de 1994, vivíamos em um pequeno apartamento em Nashville, no estado do Tennessee. O apartamento era adorável, mas não havia sequer uma única árvore de magnólia na área ao seu redor. Eu me perguntava como Barry sobreviveria. Fazendo um retrospecto, eu deveria ter previsto a série de crimes que pairavam no ar!

Uma noite, apenas alguns dias antes do Natal, ele sugeriu que fôssemos dar uma volta de carro. Não era uma noite agradável; estava frio e chovendo muito.

— Vamos acender a lareira e ficar em casa — sugeri. — Não há ninguém lá fora com esse tempo esta noite.

— Eu sei — ele disse. — Está perfeito!

Dirigimos até a Rua 21 enquanto a chuva e a neve batiam contra o para-brisa. Ele desacelerou quando nos aproximamos de uma grande igreja, linda e muito conhecida em Nashville, erguida em um terreno amplo.

— Tudo bem — ele disse, com a intensidade nervosa de um larápio novato — quando eu estacionar na curva, corra e pegue tantos galhos quantos puder daquela grande magnólia!

— Você está brincando? — gritei. — Não vou pegar nada de lugar nenhum!

— Você precisa. É uma emergência de Natal! Ande!

Ainda não posso prestar contas por esse desvio em um código de conduta moral que até então era intacto, mas saltei como um roedor do banco do passageiro e comecei a agarrar aleatoriamente alguns galhos encharcados. Segurando os bens roubados, corri de volta até o carro, pulei para dentro e gritei:

— Acelera!

Aquele crime de Natal passou a espreitar o porão da minha alma enquanto eu esperava ser presa a qualquer momento. A única maneira de aquietar minha consciência que gritava era decidir que na próxima vez que visitasse aquele campus desnudo, eu deixaria uma quantia exagerada na caixa de ofertas!

São engraçadas as coisas que nos lembram de outros tempos e outros lugares. Pode ser um aroma ou uma canção, seja o que for, nos vemos ser levados de volta através dos anos, ansiando por um tempo que já passou, um tempo em que a vida parecia ser mais simples. Em suma, no fundo somos seres nostálgicos.

Vejo essa melancolia em minha mãe agora. Os primeiros estágios do Alzheimer estão lhe roubado os anos e as lembranças recentes, colocando-os em uma prateleira alta demais para ser alcançada. O que está presente e real para ela é o que já passou. Na última vez em que estive em casa na Escócia, fomos dar um passeio no parque do outro lado de sua casa branca de pedras. Andamos devagar, parando para descansar em um banco e olhar as crianças brincando no balanço.

Quando estava pronta para voltar para casa, ela se virou para a esquerda no portão do parque, em direção oposta à sua pequena casa.

— É deste lado, mãe — eu disse, apontando para a direita.

Ela parou por um instante, confusa. Então percebi que mamãe se dirigira para a casa onde havia vivido quando era criança, que ficava na mesma rua, mas em uma direção diferente. Ela me seguiu, mas pude ver que o seu coração estava indo para o outro lado.

Há muitos sinais intrigantes de que, para minha mãe, o que é verdade no momento continua a ser engolido pelo que já passou. Ela não parece se surpreender por eu ter cinquenta e nove anos, mas esqueceu-se de que tem oitenta e quatro. Em alguns dias, ela fica chocada quando olha no espelho e vê uma mulher idosa. Em sua mente, ela está na casa dos vinte anos, com toda a vida diante de si.

É difícil ver nossos pais envelhecerem e todos os dias perderem pequenos pedaços de quem são. Mas eu entendo que esse é simplesmente o legado das nossas vidas em um planeta caído.

O anseio, ele continua.

Talvez para você o anseio pelo que já passou não tenha nada a ver com os malefícios da idade, mas com a situação em que você está neste momento.

Você se vê em um casamento sem amor. Jamais percebeu que isso estava para acontecer.

O filho que foi uma alegria tão grande é quase irreconhecível para você agora, rebelde e distante.

Você pode ter perdido a pessoa a quem ama e anseie pelo que já se foi quando se lembra de ter sido feliz.

Talvez você esteja sobrecarregada financeiramente e anseie por voltar ao tempo em que a vida era mais simples e você não tinha de trabalhar tanto apenas para tentar sobreviver. Você teme o dia em que não poderá mais fazer isso.

Viver com esse tipo de anseio é uma situação muito difícil. O remorso é uma prisão implacável, um lugar destituído de esperança porque não há nada que possamos fazer quando à condição atual; não podemos fazer o relógio voltar atrás. Não podemos entrar em uma máquina do tempo e digitar os dias que já se foram.

Eu me pergunto se era isso que estava na mente e no coração de Salomão quando ele escreveu: "Não diga: 'Por que os dias do passado foram melhores que os de hoje?' Pois não é sábio fazer esse tipo de pergunta" (Eclesiastes 7:10). No entanto, para alguns, parece impossível escapar desse anseio.

Certa vez tive uma conversa com uma mulher que conheci em um aeroporto. Ela me reconheceu de um evento no qual eu havia falado em sua igreja e perguntou se eu tinha alguns minutos para conversar. O meu voo não partiria antes de uma hora, então sugeri que tomássemos uma xicara de café. Sentamo-nos em frente uma à outra em uma mesa tranquila, no canto da cafeteria do terminal. Não tive de fazer uma única pergunta; apenas ouvi enquanto a história dela literalmente se derramava, como se estivesse represada por meses.

Ela conheceu seu marido quando ambos eram estudantes. Estudou enfermagem enquanto ele seguiu a carreira de cirurgião. O programa de graduação dele era muito mais longo, por isso assim que se formou ela começou a trabalhar imediatamente para sustentar a ambos. O ritmo era difícil, mas ela fazia turnos extras e aceitava o fato de que os primeiros anos de casamento não seriam uma grande lua de mel.

— Mas eu tinha orgulho dele — disse ela. — Ele é muito inteligente e trabalha duro. Não me importava em fazer os sacrifícios que tinha de fazer.

Ela fez uma pausa por um instante. Quando falou novamente, sua voz ficou presa na garganta, deixando sair um ruído quase como se fosse um animal preso em uma armadilha. Seus ombros tremiam enquanto as lágrimas desciam pelo rosto.

Coloquei a mão sobre a dela.

— Não tenha pressa — eu disse.

— Bem, ele finalmente se formou! Foi um caminho muito longo. Quatro anos de escola preparatória, quatro anos de faculdade de medicina, e depois três anos de residência cirúrgica. Mas conseguimos!

Ela procurou um lenço na bolsa. Quando olhou para cima novamente, seus olhos haviam mudado. Havia uma tempestade violenta neles.

— Quando estava no quarto ano como residente cirúrgico, ele me deixou por uma enfermeira. Você acredita? — ela disse, mais alto do que penso que tenha percebido — Suei sangue e lágrimas para que ele pudesse estudar. Coloquei todos os meus sonhos de formar uma família aos vinte anos em espera por ele, e isso é o que recebo em troca! O que devo fazer agora?

Pedi um copo d'água para ela e sentei-me ao seu lado, observando sua idade, tentando dar um sentido à sua história.

— Eu sinto tremendamente — comecei. — Não consigo imaginar como você deve ter se sentido. Quando ele partiu?

— Há vinte e um anos — disse ela.

Fiquei sentada ali, perplexa com a resposta dela.

Vinte e um anos, estagnada no que passou e nunca mais voltará.

Vinte e um anos ansiando pelos dias em que eles eram jovens e apaixonados e trabalhavam em prol de um objetivo comum.

Vinte e um anos olhando pelo retrovisor da vida.

Vinte e um anos deitada na cama à noite, relembrando os eventos, os sacrifícios, as lágrimas e as palavras amargas que levaram seu sonho a uma conclusão esmagadora.

Perguntei se eu poderia orar por ela. Ela sacudiu a cabeça afirmativamente e colocou-a sobre suas mãos no tampo da mesa de fórmica verde.

— Deus Pai — comecei — obrigada porque estás nos vendo aqui nesta pequena cafeteria. Apresento a ti a minha irmã ferida e machucada agora. Tu conheces toda a sua história, e a amas apaixonadamente. Senhor, guardaste cada lágrima, ouviste cada clamor e entendeste cada momento de raiva que abalou sua estrutura frágil. Ela precisa de uma nova esperança, Senhor. Ela precisa de paz. Precisa saber que ainda tens um plano para a sua vida, que ela não é simplesmente uma vítima das escolhas de outra pessoa. Podes declarar vida sobre um coração que está em compasso de espera? Em nome de Jesus, amém.

Eu tinha dez minutos antes de embarcar em meu voo, então a abracei e disse a ela que continuaria orando por ela. Tenho feito isso. Apenas espero que ela tenha seguido em frente.

Embora a história dessa mulher seja um caso extremo de um anseio que paralisa a vida, eu me identifico com alguns de seus sentimentos. E você? De ansiar pelos dias em que a vida parecia mais simples...

Depois que me formei no seminário e antes de me casar com meu primeiro marido, trabalhei para a *Youth for Christ* [Juventude para Cristo]. Eu amava esse trabalho. Tínhamos de levantar os nossos próprios recursos, o que era desafiador, mas também animador. Era impactante ver as pessoas de minha igreja local apoiando o ministério para o qual Deus havia me chamado. Algumas semanas eu ministrava com minha equipe de evangelistas da escola, e em outras semanas viajava com Clive Calver, diretor da Juventude para Cristo da Inglaterra, e meu chefe, Graham Kendrick. Clive pregava, e Graham e eu dirigíamos o louvor. Eu amava fazer parte de uma equipe. Amava sentir que pertencia a algum lugar.

Não ficávamos em hotéis naquele tempo. Os membros da igreja com quem trabalhávamos na semana nos ofereciam acomodações. Conheci algumas pessoas adoráveis e algumas realmente interessantes, como a senhora que insistiu que eu compartilhasse um quarto com seus doze — sim, eu disse *doze* — gatos! Ou a família que, quando estava pronta para ir se deitar, estacionou o carro do lado fora da garagem, armou uma barraca de acampamento dentro dela e me deu boa noite. Estava tão frio que eu tive de vestir tudo o que tinha na mala para sobreviver até de manhã. Algum dia poderei escrever um livro chamado *Contos da estrada*, mas por hora digamos simplesmente que foi uma aventura. Mesmo assim, eu estava fazendo o que amava fazer. Podia compartilhar com as pessoas sobre o amor de Jesus. Eu não tinha muito dinheiro, mas era feliz.

Depois que John e eu nos casamos, eu ansiava por aqueles dias simples. Por ter me recusado a ouvir os conselhos da minha liderança, fui convidada a deixar a equipe do Juventude para Cristo. John e eu nos mudamos para sua adorável casinha no norte de Londres. Muito envolvido com o mundo da musica cristã, ele administrava a própria gravadora e estava convicto de que eu me tornaria o próximo "grande sucesso" da música cristã contemporânea. Eu não queria ser um "grande sucesso", só queria servir a Deus. Eu sabia instintivamente que havia rachaduras demais em meu interior para suportar o escrutínio e a pressão de um mundo no qual você é julgado continuamente pelo seu último desempenho.

Os anos que se seguiram sinceramente são nebulosos para mim.

Lembro-me de sessões de fotografias e dietas de celebridades, porque não se pode ser uma estrela quando você tem dez quilos a mais que as mulheres magras.

Lembro-me de ter me mudado para os Estados Unidos, porque era ali que aconteciam as grandes turnês.

Lembro-me de ter feito uma turnê pelos Estados Unidos com Phil Keaggy e Russ Taff, com noite após noite de concertos e hotéis.

Lembro-me do Seminário de Artistas Cristãos realizado na cidade de Estes Park, no Colorado. Cada artista (e *todos* estavam lá) tinha vinte minutos para deixar todos maravilhados. Se você não fosse aplaudido de pé, era sinal de que havia fracassado. Uma artista amiga minha me disse que John havia dado dinheiro a alguém para garantir que o som e as luzes estivessem melhores na minha vez do que para o artista que cantou antes. Não acreditei que isso pudesse ser verdade. Depois do evento naquela noite, todos os artistas foram convidados para uma pequena cabana para o jantar. Encontrei um momento tranquilo e perguntei a John sobre o que minha amiga havia me dito. Ele olhou para mim como se eu tivesse saído da arca de Noé e me disse que todo mundo fazia isso. Isso me deixou enojada. Eu estava ficando bastante conhecida, mas não gostava da minha vida. Sentia-me muito sozinha.

De repente, pude me identificar com Jó quando ele disse: "Quando me deito, fico pensando: Quanto vai demorar para eu me levantar? A noite se arrasta, e eu fico me virando na cama até o amanhecer" (Jó 7:4).

Quando olho para trás a partir do momento em que me encontro agora, para aqueles dias, vejo claramente a misericórdia de Deus em cada curva do caminho. Não há nada como o calor de um holofote para revelar o que está dentro de nós. O fogo do crisol traz a sujeira e a impureza para a superfície. Era misericórdia, uma misericórdia severa, mas ainda assim misericórdia. Tornei-me intensamente ciente da minha insegurança, do meu medo e da minha vergonha. Eu tinha um profundo anseio por uma figura paterna para cuidar de mim. Não apenas isso, mas acreditava que embora eu não tivesse sido capaz de salvar meu pai, talvez pudesse salvar John. À medida que a multidão dos que o julgavam pela vida que ele vivera no passado aumentava, minha vontade de ficar ao lado dele e mostrar que eles estavam errados se intensificava. Eu sabia quem ele podia ser. E ele sabia quem eu podia ser: uma superestrela da música cristã. Mas nenhum de nós queria a visão do outro.

Durante aquele período eu me sentia como se estivesse caindo em um poço, enquanto minha voz ficava mais fraca a cada dia. Não fazia ideia na época de que quando você cai e continua caindo por muito tempo, até finalmente estar caída e ensanguentada, machucada e quebrada no chão pedregoso, pode realmente encontrar o que ansiava encontrar há tanto tempo. Sim, minha queda foi longa, tenebrosa e aparentemente interminável e fatal. Mas quando atingi o fundo, Jesus estava lá. Escreverei mais sobre esse encontro mais tarde, mas por ora saiba do seguinte: as escolhas que você faz no escuro quando ninguém, a não ser Deus, está olhando afetarão o restante da sua vida.

Pergunte a Davi e ao rei Saul.

Quando deixamos Davi, o perfume da vitória o envolvia. Um jovem menino pastor havia realizado o que nenhum guerreiro sequer queria tentar: ele havia derrubado um gigante. A vida mudou para Davi naquele dia. Ele não teve permissão para voltar à vida que conhecia. Conta-se que "daquele dia em diante, Saul manteve Davi consigo e não o deixou voltar à casa de seu pai [...] Tudo o que Saul lhe ordenava fazer, Davi fazia com tanta habilidade que Saul lhe deu um posto elevado no exército. Isso agradou a todo o povo, bem como aos conselheiros de Saul" (1Samuel 18:2,5).

De um menino pastor para um comandante do exército foi um salto e tanto, mas talvez não exatamente tão grande quando pode parecer para nós. Reflita sobre as horas que Davi havia passado a sós com as ovelhas sob as estrelas, vigiando cada uma delas. Ele havia praticado a habilidade com uma funda repetidas vezes até que, com uma pedra, podia atingir um galho de uma árvore bem distante. Um dia um urso emboscou uma de suas amadas ovelhinhas, de modo que, armado de nenhum medo e uma precisão exata, ele o matou. Eu o imagino pegando aquela pequenina e dizendo: "Assim como eu sou o seu pastor, o Senhor dos Exércitos é o meu".

Golias? Era apenas o próximo urso da fila.

Na solidão da sua vida, Davi tornou-se um dos maiores escritores de hinos que este mundo já conheceu. Acredita-se que o primeiro salmo que Davi escreveu foi o Salmo 23. Ele o escreveu depois que Samuel o havia ungido, porém enquanto ele ainda pastoreava suas ovelhas. O jovem Davi cantou nos campos, para as ovelhas, para as estrelas, para os anjos, e para o coração de seu Pai:

O Senhor é o meu pastor;
de nada terei falta.

Em verdes pastagens me faz repousar
e me conduz a águas tranquilas;
restaura-me o vigor.
Guia-me nas veredas da justiça
por amor do seu nome.
Mesmo quando eu andar
por um vale de trevas e morte,
não temerei perigo algum,
pois tu estás comigo;
a tua vara e o teu cajado me protegem.
Preparas um banquete para mim
à vista dos meus inimigos.
Tu me honras, ungindo a minha cabeça com óleo
e fazendo transbordar o meu cálice.
Sei que a bondade e a fidelidade me acompanharão
todos os dias da minha vida,
e voltarei à casa do SENHOR *enquanto eu viver.*
(Salmos 23)

Ele cantou naquele tempo as palavras das quais precisaria nos meses e anos solitários e perigosos que estavam à frente, porque quando o rei Saul viu a maneira como o povo amava Davi, ele fez o que as pessoas que não se rendem à soberania de Deus fazem quando sentem que sua posição é ameaçada: planejou eliminá-lo. Davi não percebeu a fúria de Saul surgindo porque não havia feito nada para merecê-la. Na verdade, os planos malignos de Saul vieram após a vitória de Davi sobre Golias.

> Quando os soldados voltavam para casa, depois que Davi matou o filisteu, as mulheres saíram de todas as cidades de Israel ao encontro do rei Saul com cânticos e danças, com tamborins, com músicas alegres e instrumentos de três cordas. As mulheres dançavam e cantavam:

> *"Saul matou milhares,*
> *e Davi, dezenas de milhares".*
>
> Saul ficou muito irritado com esse refrão e, aborrecido, disse: "Atribuíram a Davi dezenas de milhares, mas a mim apenas milhares. O que mais lhe falta senão o reino?" Daí em diante Saul olhava com inveja para Davi (1Samuel 18:6-9).

Os ciúmes e a insegurança são o câncer da alma. Se não forem tratados rapidamente e sem misericórdia, eles se espalham, destruindo tudo o que tocam.

O rei Saul não começou assim. Você se lembra de seu início? Ele foi o primeiro rei de Israel, escolhido por Deus. Ele veio de uma linhagem forte e temente ao Senhor: Abraão, Isaque e Moisés foram seus ancestrais. Sob a sua liderança, a nação de Israel foi unificada. Ele formou um grande exército e venceu batalhas importantes sob o poder de Deus. E também era um profeta. Quando o Espírito de Deus veio sobre ele, Saul profetizou com grande poder e autoridade. Além disso, ele era alto e bonito, e tinha um grande carisma.

Na verdade, Saul tinha toda a aparência externa de um grande homem de Deus, do tipo que colocaríamos em um púlpito e faríamos fila para ouvir. Mas a Bíblia nos lembra que Deus vê apenas o que está no coração de uma pessoa, por mais incrível que ela pareça ser. Embora possamos ser atraídos pelo carisma, Deus examina o caráter. Antes de Davi aparecer em cena, haviam aparecido rachaduras na armadura de Saul.

Por três vezes ele desobedecera a uma ordem de Deus (ver 1Samuel 13:8-15; 14:24-45; 15:10-21 para maiores estudos). Quando o profeta Samuel o desafiou, Saul tentou justificar suas escolhas. Ele não entendeu que privilégios geram responsabilidades, mas não pressupõem que se tenha direito a tudo. Sempre que pensamos que nossa posição de liderança substitui a Palavra de Deus, estamos com um grande problema. A desobediência aos caminhos de Deus é o início de uma longa descida. O primeiro passo voluntarioso geralmente é difícil, mas o seguinte é mais fácil. E não demorara muito, logo a pessoa se torna completamente diferente do que um dia foi — de uma pessoa grande que elevava a grandeza a Deus, para um "deus" absorto em si mesmo. Antes de Davi, o jovem menino pastor ficar face a face com Saul, lemos estas trágicas palavras: "[...] o SENHOR arrependeu-se de ter estabelecido Saul como rei de Israel" (1Samuel 15:35).

Então, quais foram as escolhas de Saul? Deus escolheu outra pessoa para ser rei de Israel. O povo ainda não sabia disso, mas Saul e o profeta Samuel sim. Tendo ofendido Deus a tal ponto, que caminhos havia para ele agora?

Imagino se eu esbarrasse com Saul na cafeteria de um aeroporto. Em uma mesa de tampo de fórmica verde, ele me diz que Deus seguiu em frente e escolheu outra pessoa para ser rei, e então, o que ele deve fazer agora?

Essa é a pergunta que todos nós temos de responder. O que você faz quando anseia pelo que passou ou pelo que costumava ter, mas não pode mais ter essas coisas nem voltar atrás? Talvez em sua própria vida você ocupasse uma posição que não ocupa mais, e anseia por tudo que isso representava, mas a posição dada a outra pessoa. Então agora você fica sentada relembrando os bons tempos, vivendo com remorso ainda hoje, idolatrando a nostalgia do passado.

Pode ser uma amizade que se tornou amarga. Muitas palavras duras foram ditas entre vocês, de modo que sua ex-amiga seguiu em frente. O que você vai fazer quando esbarrar com ela na companhia de sua nova melhor amiga?

Talvez você tenha sido casada e agora está viúva e anseia pelos dias em que compartilhava todos os momentos com seu marido; agora a casa está estranhamente silenciosa.

Talvez você tenha um filho que se desviou da fé e da família, e o anseio pelo que passou está partindo o seu coração.

Não sei o que você está enfrentando, mas sei que escolher no que acreditar quando as coisas se tornam amargas é uma decisão que afetará sua vida para sempre.

Quais eram as opções do rei Sal? Vejo apenas duas.

1. Ele podia cair sobre seu rosto diante de Deus e pedir perdão. Em humildade, ele poderia abrir mão da coroa para salvar a própria alma, a própria vida.
2. Ele poderia decidir que ninguém, nem mesmo Deus, roubaria dele quem ele era. Saul podia caçar o ungido do Senhor (Davi), expulsá-lo e introduzir anos de miséria. Se escolhesse esse caminho ele cairia, mas não sobre seu rosto diante de Deus. No fim das contas, ele cairia sobre a própria espada.

Como a Bíblia nos conta, Saul escolheu a segunda opção. Isso lhe custaria a vida, mas não antes de tornar a vida da Davi insuportável.

Se o antagonismo de Saul em relação a Davi era tão radical, o amor e a devoção de seu filho Jônatas pelo jovem também eram. Muitos escritores pintam imagens de Davi e Jônatas como se eles fossem dois adolescentes inconstantes, mas isso está longe da verdade. Você teria de ter vinte anos para estar no exército israelita (Números 1:3). Davi tinha apenas dezoito, mas Saul havia feito dele um oficial de alto escalão na esperança de que ele fosse morto em combate. Jônatas já estava comandando um terço do exército e havia tido duas grandes vitórias. Warren Wiersbe, em seu comentário do Antigo Testamento, sugere uma idade mais próxima dos quarenta anos para Jônatas.[2] É significativo que Jônatas fosse o próximo na fila para o trono. Embora ele fosse um oficial maduro e experiente, reconhecia a mão de Deus sobre seu amigo Davi e, diferentemente de seu pai, submetia-se à escolha de Deus. Jônatas claramente ansiava mais pela vontade de Deus do que por sua própria posição.

Vamos nos sentar por um instante com Davi e tentar imaginar o quão drasticamente sua vida havia mudado desde os dias em que ele se sentava sob as estrelas, vigiando suas ovelhas e cantando o que havia em seu coração para Deus. Ele havia eliminado o monstro Golias. Essa vitória o havia introduzido na corte real. Não apenas isso, mas o rei Saul havia dado sua filha Mical a Davi como noiva. Isso fez de Saul sogro de Davi. Aqueles deveriam ter sido os melhores dias de sua vida. Davi estava com uma mulher que o amava. Deus estava com ele, e Davi conquistava vitórias tremendas nas batalhas que lutava.

Mas Saul estava realmente a ponto de enlouquecer, a caminho da fúria. Pense nisso. Que rei fica sentado em casa com uma lança na mão (na casa mais segura da terra), no limite, pronto para atingir qualquer coisa que perceba como ameaça? Quando rejeita a Deus e a alegria do cuidado dele sobre a sua vida, você se torna vulnerável a toda espécie de pensamentos maus e paranoicos. É interessante, porém, ler em 1Samuel 19:9-10 que o espírito atormentador que veio sobre Saul era da parte de Deus. "Mas um espírito maligno mandado pelo SENHOR apoderou-se de Saul quando ele estava sentado em sua casa, com sua lança na mão. Enquanto Davi estava tocando harpa, Saul tentou encravá-lo na parede com sua lança, mas Davi desviou-se e a lança encravou na parede. E Davi conseguiu escapar".

Será que aquele espírito atormentador era uma indicação da misericórdia de Deus? Será que Deus estava dando a Saul uma chance de perceber o quanto sua vida havia se tornado terrível e de se arrepender, de corpo, alma e espírito? Não sabemos, mas o que sabemos é que em vez de resistir ao mal que lentamente o dominou, Saul o acolheu, e deu plena vazão a ele.

Nada dessa loucura fazia sentido para Davi. Ele não havia feito nada de errado. Ele simplesmente queria servir ao rei, tocar sua harpa para acalmar Saul durante suas crises de loucura, lutar quando era chamado para liderar e amar sua esposa. Esses são sonhos honestos e nobres. Mas um rei que estava se despedaçando lentamente colocou-se no caminho. Embora Davi soubesse que seria rei, ele resistiu ao que deve ter sido um anseio dentro dele, e em vez disso teve paciência enquanto observava o plano soberano de Deus se desenrolar diante dele.

Você já esteve em uma posição na qual alguém estava ativamente tentando arruiná-lo? Podem ser os ciúmes da pessoa ou um conflito de personalidades ou o fato dessa pessoa observar você querendo viver a sua vida honrando a Deus e isso realmente a incomoda.

O que fala muito sobre o tipo de coração que Davi tinha é a maneira como ele lidou com aquela lança. A maioria dos homens que visse uma lança ser atirada contra ele e se alojar na parede (e não pela primeira vez) retiraria aquela coisa da parede e a atiraria de volta imediatamente. Mas Davi não. Embora ele já tivesse sido ungido rei, Davi se recusou a tomar o trono para si. Ele deixou o tempo de sua ascensão ou queda com Deus. Então ele fugiu. Fugir não foi uma atitude covarde. É preciso coragem para fugir daqueles que estão no poder e que perderam a capacidade de ouvir a voz de Deus.

Em 1Samuel 20 a Bíblia descreve a conversa de partir o coração entre Jônatas e Davi, que procurou o amigo para ver se ele poderia ajudá-lo a entender por que Saul o perseguia. Está claro que Jônatas não entendia realmente a extensão do ódio louco de seu pai.

> Depois Davi fugiu de Naiote, em Ramá, foi falar com Jônatas e lhe perguntou: “O que foi que eu fiz? Qual é o meu crime? Qual foi o

pecado que cometi contra seu pai para que ele queira tirar a minha vida?"

"Nem pense nisso", respondeu Jônatas; "você não será morto! Meu pai não fará coisa alguma sem antes me avisar, seja importante ou não. Por que ele iria esconder isso de mim? Não é nada disso!"

Davi, contudo, fez um juramento e disse: "Seu pai sabe muito bem que eu conto com a sua simpatia, e pensou: "Jônatas não deve saber disso para não se entristecer". No entanto, eu juro pelo nome do SENHOR e por sua vida que estou a um passo da morte".

Jônatas disse a Davi: "Eu farei o que você achar necessário" (1Samuel 20:1-4).

Então eles armaram um plano. Em vez de tomar seu lugar à mesa do rei na festa do mês, Davi ficaria fora. Se Saul perguntasse onde ele estava, Jônatas explicaria que ele havia ido ao sacrifício anual em Belém com sua família, o que seria um motivo razoável e compreendido. Se Saul não fizesse objeção, isso indicaria que Davi estava seguro; mas se o rei ficasse furioso porque Davi mais uma vez havia escapado de suas mãos, então Jônatas finalmente entenderia que a vida de Davi estava em jogo.

Tudo correu como Davi esperava. Saul ficou tão furioso que atirou sua lança em Jônatas, seu próprio filho. Jônatas ficou zangado com seu pai e com o coração partido por seu amigo.

Jônatas e Davi haviam concordado que no dia seguinte Davi se esconderia em um local arranjado anteriormente pelos dois, e Jônatas lhe faria um sinal indicando se Davi podia ou não voltar em segurança para o palácio. "Atirarei três flechas [...] como se estivesse atirando num alvo, e mandarei um menino procurar as flechas." O combinado era que se não fosse seguro para Davi voltar, Jônatas atiraria as flechas muito além do jovem servo. Quando o menino fosse apanhá-las, Jônatas lhe diria:

"Olhe, as flechas estão mais para lá, vá embora, pois o Senhor o manda ir" (v. 22). Sabemos o que aconteceu.

Quando o servo recuperou as flechas, Jônatas mandou-o voltar à cidade, e Davi saiu do esconderijo. A história conclui: "Davi saiu do lado sul da pedra e inclinou-se três vezes perante Jônatas com o rosto em terra. Então despediram-se beijando um ao outro e chorando; Davi chorou ainda mais do que Jônatas" (v. 41).

Não havia volta. As escolhas coléricas de Saul haviam sido feitas. As portas se fecharam estrondosamente.

Davi entraria no crisol do sofrimento no qual os servos de Deus verdadeiramente grandes são forjados.

Talvez você esteja nesse lugar neste momento. Uma das realidades mais devastadoras desse tipo de sofrimento é que muitas vezes aquele que você pensava que seria o seu protetor se torna o promovedor da dor. Todo aquele anseio por justiça, por bondade, por ter tudo como deveria ser parece inútil. Enquanto você pensa na glória dos dias passados, seu coração dói e anseia por fazer o relógio voltar, mas você não pode. Nesses momentos é tentador acreditar que Deus se esqueceu de nós, ou ainda pior, que ele simplesmente não se importa — o seu favor nos deixou. Se você está nessa situação agora, meu coração se parte por você. Ninguém se matricula para essa escola do sofrimento, mas a profunda obra que Deus faz nesse lugar doloroso e solitário raramente é produzida em qualquer outro lugar.

Então significa que você foi abandonada? Nunca! Você só precisa se lembrar nesses momentos de traição que Deus ainda está no controle independentemente de como as coisas pareçam. Enquanto isso você pode precisar encontrar um lugar seguro para se esconder.

Quando você procurar um refúgio seguro, faça isso à sombra das asas do Senhor. Davi poderia ter ansiado por voltar àquela vida simples sob as estrelas, com as ovelhas como sua companhia e todo o céu como plateia para os seus cânticos de louvor, mas ele não podia voltar e você também não. Quando você mata um Golias, a vida muda e Deus a chama para avançar, avançar sempre. Se você permanecer focada no anseio pelo que passou, perderá o que é e o que está por vir.

O horizonte pode estar turvo e nublado nesse instante, mas confie em Deus. Ele está ao seu lado, e coisas novas estão a caminho.

QUATRO

O anseio por controle

> Não fique zangado por não poder fazer os outros serem como você gostaria que fossem, já que não pode fazer você mesmo ser como gostaria que fosse.[1]
>
> — *Tomás de Kempis, A imitação de Cristo*

> Melhor é o homem paciente do que o guerreiro,
> mais vale controlar o seu espírito do que
> conquistar uma cidade.
>
> — *Provérbios 16:32*

1992

Não planejei bem minha fuga... Apenas parti. Peguei minha escova de dente e uma camiseta de dormir. Sabia que John estaria em casa dentro de algumas horas, e tudo que eu precisava era ficar uma noite fora para pensar. Deixei um bilhete na cozinha, pois aqueles dias aconteceram antes do tempo em que todos com menos de quatro anos têm um telefone celular.

John,

Não se preocupe comigo. Preciso apenas de um dia distante, comigo mesma. Estarei em casa amanhã.

Sheila

Eu não sabia ao certo para onde iria. Não tinha nenhum parente em Virginia Beach, e não queria ficar com ninguém da rede de tevê Christian Broadcasting Network e dar início a rumores de que meu casamento estava desmoronando. Encontrei um pequeno hotel a cerca de uma hora da cidade e fiz o *check-in* para uma noite.

— Você tem bagagem? — O jovem com braços tatuados e cabelos negros na recepção perguntou.

— Não — eu disse.

Peguei minha chave e dirigi-me à entrada mais próxima do meu quarto. Subi os dois lances de escadas de metal e coloquei o cartão de plástico na abertura do quarto 315. O quarto cheirava a fumaça velha e café queimado. Sentei-me na beira da cama.

Senhor, orei silenciosamente, *não sei o que fazer. Estou com tanto medo. Sinto-me tão perdida. Por favor, ajuda-me!*

Meus compromissos estavam me matando. De segunda a sexta, todas as semanas, eu apresentava o *Clube 700* com Pat Robertson. Depois, imediatamente após o término do programa, apresentava o meu próprio programa de trinta minutos, *De coração para coração, com Sheila Walsh.* Todas as sextas-feiras, quando o programa terminava, eu literalmente saía correndo do estúdio para pegar um voo para onde quer que fosse meu concerto naquela noite. No sábado pela manhã eu voava para outra cidade para outro concerto, depois voltava para casa no domingo à noite para começar a correr naquela esteira rolante outra vez. Implorei a John para me deixar parar de viajar nos fins de semana, mas ele acreditava que se eu parasse de me apresentar perderia o meu lugar na indústria da música. Eu não me importava. Estava exausta e me sentia muito só. Minha vida havia entrado em uma espiral descendente e saído do controle.

1981

Em algum momento comecei a perceber que as mulheres que John havia namorado antes de nos casarmos eram muito mais glamorosas e confiantes do que eu. Na primeira vez que sua secretária me encontrou, ela disse: "Nossa, você não se parece com nenhuma das namoradas antigas dele. Ele geralmente gosta de garotas festeiras!" Acho que ela quis ser gentil, mas isso me fez sentir como uma figurante da antiga série de tevê *Os pioneiros*.

Antes de nos casarmos eu tinha ideias muito românticas sobre como seria nossa vida juntos. Como uma virgem de vinte e seis anos, fui a uma consulta com o médico da minha família, que me conhecia desde que eu era criança, e pedi a ele que me recomendasse um bom livro.

— Não me dê algo escrito pelos Puritanos em 1850 — eu disse. — Preciso de um bom livro!

Ele riu e escolheu um livro em sua estante.

— Não leia tudo de uma vez! — ele disse. — Você é uma batista; vá devagar.

Então estudei aquele "manual do amor" e pedi a Deus para me ajudar a ser o tipo de esposa que todo homem anseia ter. Pensei que John ficaria feliz por eu não parecer tão imatura em nossa lua de mel, mas ele não ficou. Acho que ele havia me colocado em uma espécie de pedestal espiritual. Na mente dele, eu era a boa garota. Eu era a garota pura. Mas também era esposa dele e queria amar e ser amada como tal.

Comecei a perder a confiança em mim mesma enquanto os dias se transformavam em semanas e depois em meses. Nenhum de nós sabia como falar sobre coisas profundamente íntimas, e quanto mais o tempo passava, essa conversa se tornava mais difícil de começar. Eu tinha certeza de que o problema estava comigo. Nunca me senti atraente quando estava crescendo; pensava que ele estava arrependido por ter se casado comigo. Depois que conheci algumas das mulheres que ele havia namorado antes de mim, tive certeza! Tudo começou com a profissional que fotografou a capa do meu primeiro álbum solo.

Quando ela chegou, fiquei de boca aberta. Ela parecia uma modelo de passarela, uma das mulheres mais lindas que eu havia visto. Era alta e muito magra, com cabelos escuros e brilhantes e grandes olhos verdes. Enquanto ela ajustava a iluminação, perguntei como meu marido a conhecera.

— Namoramos por algum tempo no ano passado — ela disse.

Olhei para ela e depois para mim mesma. Algo em mim se partiu. Não eram apenas as antigas namoradas dele que aumentavam a minha insegurança; o mundo inteiro de John era muito mais salpicado de estrelas do que uma garota de uma cidade pequena na Escócia estava preparada para enfrentar.

Meu artista e herói preferido naquele tempo era Larry Norman, um músico louro de cabelos compridos que era conhecido como o pai do rock cristão. Eu o vira em um concerto quando tinha dezesseis anos e tornei-me uma enorme fã dele. Tinha todos os seus álbuns e sabia as letras de cada canção. Então, quando John me disse que produziria a turnê de Larry na Inglaterra, eu não podia esperar para conhecê-lo. Em um dos dias de ensaio, Larry telefonou e perguntou se eu gostaria de almoçar com ele. Encontrei-o no restaurante do hotel e consegui dizer olá sem desmaiar.

Jamais esquecerei aquele almoço! Foi terrivelmente doloroso. Talvez eu precise respirar em um saco de papel apenas para contar essa história novamente. Pedi costeletas de porco e ervilhas... Uma refeição que nunca mais pedi desde então! Ele não pediu nada. Ficou sentado me olhando tentar sem sucesso espetar as ervilhas com o garfo. Elas voavam por todo o restaurante como minimísseis verdes. Quando finalmente desisti, ele me pediu para acompanhá-lo até seu quarto. Pensei em tudo que minha mãe já havia me dito sobre garotas sendo vendidas como escravas. Podia ver a manchete no jornal na manhã seguinte:

Garota Escocesa Corpulenta Traficada Por Roqueiro Cristão

Larry pediu-me para ficar de pé diante de um espelho de corpo inteiro e dizer a ele o que eu via.

A situação podia ser mais estranha que isso?

Eu não tinha ideia do que dizer, então disse apenas o óbvio:

— Sou eu!

— Não, não é isso que quero dizer — disse ele. — Isso parece ser uma estrela para você?

— Não. — respondi.

— Nem para mim — ele concordou. — Precisamos trabalhar nisso. Vamos bolar um plano.

Não me lembro de mais nada do que ele disse. Apenas agradeci e saí.

Enquanto andava até a estação de trem, senti-me enjoada. Eu não queria ser trabalhada. Não queria ser uma estrela. Queria apenas ser a mulher que Deus havia me chamado para ser; eu só não tinha certeza de quem era essa mulher.

1992

Olhei para o meu reflexo no espelho do hotel. Eu parecia ter mais de trinta e cinco anos, com círculos escuros sob os olhos e rugas na testa. Escovei os dentes e deitei na cama. Adormeci com o ruído dos desenhos animados passado pelas paredes finas do quarto ao lado.

Eu não tinha certeza de quanto tempo havia dormido quando ouvi uma pancada forte na minha porta. Aterrorizada, olhei para o relógio. Três da manhã. Liguei para a recepção e disse a eles que havia alguém na minha porta.

— Tudo bem — disse o atendente. — É seu marido. Ele veio lhe fazer uma surpresa!

Meu coração afundou no peito. Olhei pelo olho mágico e ali estava John. Abri a porta e ele entrou. Pude ver que ele estava zangado.

— Vamos embora! — ele disse.

— São três da manhã. Você não viu o meu bilhete? — perguntei.

— Eu vim encontrar você, é claro! — disse ele. — Liguei para todos os hotéis que podia imaginar.

— Eu só queria uma noite sozinha, só isso — eu disse.

— Estamos indo para casa!

Quando penso nisso hoje, não acredito que John representasse qualquer tipo de ameaça para mim naquela noite. Ele estava zangado e, sim, era controlador, mas ele só queria ir para casa, deitar na cama e não falar mais sobre isso. Mas eu não conseguia dizer isso ao meu coração e à minha mente naquele momento. Quando alguém, particularmente um homem, ficava zangado comigo naquela época, eu temia pela minha vida. Não era um sentimento razoável, mas era real para mim. A ira do meu pai quando eu tinha cinco anos *estava* fora de controle e a minha vida *estava* em perigo. Nunca recebera nenhuma ajuda para entender o que acontecera e curar minhas emoções, então, quando me sentia ameaçada, eu me tornava uma menina de cinco anos aterrorizada outra vez. Eu sabia que o controle era um grande problema para John antes de nos casarmos, mas em vez de fugir para a montanha, eu voei para mais perto, como uma mariposa atraída pela claridade. Dizem que uma garota se casa com seu pai; parecia que eu havia cumprido esse clichê.

Talvez você veja um pouco disso em sua própria vida. Se você cresceu em uma casa louca, então a loucura é normal para você. Se gritar e berrar foram coisas que encheram sua jovem cabeça e seu sensível coração, então os gritos passaram a ser a trilha sonora de sua vida adulta também. Se sua família era fria e não demonstrava sentimentos, você muitas vezes será atraída a um parceiro com essas mesmas características. Se sua pureza sexual foi violada quando você era criança, então o sexo às vezes é a primeira coisa que você oferece em um relacionamento, porque é isso que se espera de você, ou é nisso que você acredita que está o seu valor.

Parece que o contrário é que deveria acontecer, mas quando temos problemas não resolvidos, giramos em torno do que é familiar, talvez esperando que desta vez possamos mudar o final. Como seres humanos, ansiamos por ver uma história terminada, então se encontramos alguém que nos lembra daquela história não terminada, supomos que temos uma segunda chance de concluí-la. Infelizmente, a história geralmente termina exatamente da mesma maneira, com mais sofrimento para termos de lidar depois.

Vi esse padrão se repetir com uma família da nossa igreja na Escócia, quando eu era adolescente. Eles lutavam para permanecer intactos. O pai tinha um temperamento terrível e tratava sua mulher e seus filhos com fúria. Quando uma das filhas se casou, fiquei aliviada por ela e orei para que aquele fosse o começo de uma nova vida, feliz e cheia de paz. Quando ouvi dizer que ela havia deixado seu marido e estava em um lar para esposas espancadas, não consegui entender. Por que raios ela se casaria com alguém como seu pai?

É claro que agora entendo o que aconteceu e meu coração sofre por ela. Ela escolheu o que conhecia, e isso quase lhe custou a vida.

Fico triste por mim também, ao ver agora que havia entrado em um casamento que ninguém que fazia parte da minha vida apoiava. Uma jovem saudável raramente faria isso, mas eu ansiava controlar o que não havia sido capaz de controlar quando criança, e John era o caminho. Eu não podia fazer nada quando tinha cinco anos para neutralizar a raiva do meu pai ou consertar o que havia de errado com ele. Mas com John, pensei que pudesse. Embora meu pai descontasse a sua raiva em mim, eu me sentia muito protetora com relação a ele. Nunca contei à minha mãe sobre os estágios iniciais de sua raiva, quando ele cuspia no meu rosto ou puxava e arrancava meus cabelos. Eu não queria que ninguém deixasse de amá-lo. O segredo só veio à tona quando a violência dele quase custou a minha vida.

Então, algo familiar se levantava em mim quando minhas amigas e colegas de trabalho julgavam John. Decidi colocar sobre ele a mesma capa de proteção que havia colocado sobre meu pai. Eu queria consertar o que estivesse quebrado — seja lá o que fosse — que o levara a fazer tantas escolhas erradas. A realidade, logicamente, é que eu não podia, e ele não queria ser consertado.

O controle é um grande problema para as mulheres. Parte dele nasce de um desejo saudável. Queremos moldar nossas casas e transformá-las em lugares cheios de paz. Queremos proteger nossos filhos. Queremos que eles saibam que são amados e façam boas escolhas a partir desse fundamento sólido. Se somos casadas, queremos que nossos maridos sejam bem-sucedidos e se sintam realizados. Queremos que nossas famílias e amigos amem e sirvam a Deus. Essas são coisas boas, mas o que acontece quando os que nos cercam não cooperam com os nossos esforços de controlá-los? O controle deixar de ser algo saudável e passa a ser um ato manipulador e potencialmente destrutivo.

- Seu marido não quer ir à igreja, então você tenta forçá-lo a entrar no Reino importunando-o.
- As notas do seu filho na escola estão caindo, então você tenta obrigá-lo a se aplicar mais.
- Você se candidata a um cargo para o qual sabe que é a pessoa mais qualificada, e outra pessoa menos qualificada é escolhida, então você bufa e ferve de raiva por isso.
- Seu líder de estudo bíblico escolhe um estudo diferente daquele que você tinha certeza de que vocês estariam estudando na próxima aula.

* Sua igreja indica um novo pastor, mas você não acha que ele é o homem escolhido por Deus para o cargo.
* Um rapaz novo entra para o seu círculo de amigos. Você gosta muito dele, mas ele começa a namorar a sua amiga.

O que fazer quando as pessoas não agem corretamente? Falando sério, pense nisso por um instante. Como você lida com essas situações fora de controle em sua vida quando elas aparecem? Os exemplos anteriores podem não ser aqueles com os quais você se identifica, mas você sabe quais são os seus pontos de controle.

Quando ansiamos por controle, escolhemos uma das seguintes atitudes:

Espiritualizamos:

* "A única razão pela qual estou irritada é porque não acredito que é isso que Deus quer!"
* "Orei sobre isso por algum tempo, e simplesmente não sinto paz a respeito."
* "É da vontade de Deus que toda a minha família esteja reunida na igreja."

Sinta-se livre para acrescentar outras declarações...

Punimos:

* "Acho que tudo bem se é isso que você quer. Apenas não posso fazer parte disso!"
* "Se você não está interessado no meu Jesus, então não estou interessada em ir ao jantar da sua empresa!"
* "Se você não pode tirar mais que um seis em matemática, então acho que você não precisa ver seus amigos este fim de semana."

E talvez a pior de todas, nós nos fechamos:

- "Não vou gritar e berrar com você. Simplesmente não vou falar."
- "Você feriu meus sentimentos, e até entender o que fez, não quero ficar perto de você."
- "Não vou ao seu jogo de futebol. Vou ficar em casa."

É fácil nos justificarmos em nos fecharmos porque "não estamos gritando ou berrando", mas simplesmente não estamos "ali".

Eu? Minha arma escolhida era me fechar. Eu não percebia na época, mas quanto mais me fechava em uma situação, mais essa atitude respingava em outros relacionamentos e situações. Quando você fecha uma porta dentro da sua alma para se manter segura, acaba se vendo desesperadamente só. Você pode pensar que seria difícil estar na televisão em rede nacional todos os dias ou em palcos à noite e se manter distante das pessoas, mas na verdade isso é perturbadoramente fácil.

Só existe uma cura para essa doença devastadora da alma. É uma entrega de tudo o que você possui, de tudo o que você ama e aprecia, ao controle soberano de Deus. Isso não é fácil de fazer ou mesmo de tentar, a não ser que você esteja totalmente convencida de que Deus é bom e que ele está do seu lado. Levei muito tempo para chegar a um ponto em que não me sinto mais tentada a estar no controle quando tenho medo. Tive de ver muitas coisas na vida subirem e caírem. Tive de enfrentar ameaças que não pareciam vazias. Se você está tão quebrada quanto eu estava e alguém em quem você confiava olha direto para você e diz "Vou destruir você", essas palavras soam verdadeiras e enchem você de terror. Acima de tudo, tive de cair sobre meu rosto diante de Deus e permanecer ali por muito tempo, e deixar Deus fazer o que só ele pode fazer.

> Digo-lhes verdadeiramente que, se o grão de trigo não cair na terra e não morrer, continuará ele só. Mas se morrer, dará muito fruto. Aquele

que ama a sua vida, a perderá; ao passo que aquele que odeia a sua vida neste mundo, a conservará para a vida eterna (João 12:24-25).

À medida que meu casamento começava a desmoronar, as ameaças de John se tornaram mais graves. Quando olho para trás, entendo que quando você está sofrendo pode dizer coisas que não quer dizer, mas isso não diminuiu a dor daquele momento. Ele deixou claro para mim que tinha o poder de destruir meu ministério e minha carreira musical. Eu havia acabado de lançar um novo CD de Natal, mas ele retirou minha voz da gravação e deu as músicas para outro artista gravar. Esse foi apenas o primeiro de muitos golpes que me deixaram cambaleante.

Quando alguém ameaça acabar com o seu nome, você tem duas escolhas.

1. Pode revidar, o que irá deixar os dois em pedaços.
2. Pode desistir de suas tentativas de controle, deixar a pessoa mostrar o que tem de pior, e ver o que Deus fará.

Mas as coisas nunca são assim tão simples, não é mesmo? Pergunte a Davi.

Depois da dolorosa despedida de Jônatas, Davi estava completamente só. Ele havia abandonado o palácio, deixando para trás sua esposa Mical e tudo o que chamava de seu. Embora soubesse que era o escolhido do Senhor, ungido para ser rei de Israel, Davi não retaliou nem se impôs. Ele não tentou influenciar os outros para tomarem o seu partido; ele partiu sozinho. Isso me diz muito sobre o coração de Davi.

Quando somos injustiçados, queremos que as pessoas saibam disso. Quando há uma divisão na igreja, por exemplo, a pessoa que causa a divisão nunca parte só. Temos medo de que partir sozinhos sinalize para as pessoas que estamos admitindo que estávamos errados.

Mas isso também pode significar algo muito maior: que entregamos completamente o controle do nosso futuro ao nosso soberano Deus. Quando tentamos proteger nosso orgulho próprio diante do mundo, não confiamos completamente em Deus para ser o nosso vingador. Mas se confiamos em Deus, podemos resistir sozinhos.

Então Davi partiu sozinho, o que foi bom, mas depois ele fez uma escolha muito errada que custou a vida de alguns homens tementes a Deus e suas famílias.

Sir Walter Scott estava certo quando disse: "Oh! Que teia emaranhada tecemos quando praticamos o engano pela primeira vez![2]

Davi primeiro aproximou-se de Samuel em busca de ajuda (1Samuel 19), e depois de Jônatas (1Samuel 20). Finalmente ele correu para o sumo sacerdote, Aimeleque, na cidade de Nobe. Quando o sacerdote viu Davi sozinho, soube que alguma coisa estava errada. "Aimeleque tremia de medo quando se encontrou com ele, e perguntou: 'Por que você está sozinho? Ninguém veio com você?'" (1Samuel 21:1).

Não fazia sentido que Davi, o comandante da guarda real, estivesse ali sozinho. Mas em vez de confiar em Aimeleque, Davi mentiu. Ele disse ao sacerdote que estava em uma missão secreta para Saul e que seus homens logo se juntariam a ele. Davi estava tão desesperado por controlar uma situação fora de controle que em vez de esperar em Deus quanto ao próximo passo, ele criou um passo por si mesmo.

É tão fácil fazer isso, não é mesmo? Parece bastante inocente. Davi não tinha tempo para responder a muitas perguntas, então, por medo ele assumiu o controle.

Mais tarde Davi escreveria: "Desvia-me dos caminhos enganosos; por tua graça, ensina-me a tua lei" (Salmos 119:29), mas, naquele momento, ele estava prestes a aprender que o impulso desesperado por controle quando nos sentimos impotentes pode nos levar a fazer escolhas muito ruins — decisões que podem levar ao desastre.

Ele pediu ao sumo sacerdote pão e uma arma. A única espada que havia ali era a de Golias, então Davi a pegou e partiu, mas não antes de ser observado por outra pessoa. Lemos que "um dos servos de Saul estava ali naquele dia, cumprindo seus deveres diante do Senhor; era o edomita Doegue, chefe dos pastores de Saul" (1Samuel 21:7).

Nunca se sabe quem o está observando quando você está em algum lugar que não devia, nem como a mentira que você contou irá adquirir grandes proporções. Se Davi tivesse se permitido ser vulnerável, cedendo o controle completo a Deus e confiando o resultado a ele, teria dito a verdade. Então o sacerdote lhe teria pedido para partir porque devia lealdade ao rei. Mas pensando que Davi estava representando o rei naquele dia, Aimeleque lhe deu tudo o que ele pediu.

O rei Saul estava enlouquecido, determinado a derramar o sangue de Davi. Sejam quais fossem seus deveres oficiais como rei de Israel, eles ficaram em segundo plano, atrás da única coisa que o impelia agora: matar Davi. Preste atenção quando você estiver obcecado por alguma coisa. Isso geralmente significa que você está pisando em terreno perigoso, perdendo a perspectiva, agarrado ao controle.

Saul ouviu dizer que Davi estava se escondendo em algum lugar em Judá com uma tropa de homens de baixa estirpe. Eles mal formavam um exército. Ao contrário, são descritos como homens com problemas, endividados ou simplesmente totalmente fartos da vida! É interessante que quando você está por baixo, outras pessoas que estão por baixo começam a surgir para se sentar ao seu lado. A maneira como você vive diante delas impactará o destino de todos vocês. Veremos mais sobre isso no próximo capítulo.

Quando você permite que a inveja o domine, acaba suspeitando de tudo e de todos. Foi o que Saul fez. Em vez de demonstrar coragem, mentorear e encorajar seus homens, ele começou a destruí-los, imaginando que até mesmo seu filho Jônatas estava conspirando com Davi. "É por isso que todos vocês têm conspirado contra mim? Ninguém me informa quando meu filho faz acordo com o filho de Jessé. Nenhum de vocês se preocupa comigo nem me avisa que meu filho incitou meu servo a ficar à minha espreita, como ele está fazendo hoje" (1Samuel 22:8).

Que discurso patético para um rei! E, é claro, não havia uma palavra de verdade no que Saul disse a seus homens naquele dia. Davi *não* planejava matar Saul, nem Jônatas. Mas Saul acreditava que ambos conspiravam contra ele.

Já esteve em uma situação assim, na qual acreditava que o mundo inteiro estava contra você? Quando nos sentimos impotentes, é muito tentador querer colocar a culpa em alguém e suspeitar até daquele que é mais confiável em seu círculo. O inimigo de Deus adoraria que você ficasse chafurdando nessa lama. Ele adoraria isolar você e fazê-lo acreditar que todos estão falando de você e ninguém é seu amigo de verdade. Ele ama nos ver paranoicos.

Uma amiga me disse que quando era mais jovem ficou sem falar com uma de suas amigas por vinte anos, porque acreditava que ela havia dito algo muito prejudicial à sua reputação. Ela ficou tão arrasada que em vez de enfrentá-la e perguntar se aquelas palavras eram verdadeiras, simplesmente cortou aquela amizade. Isso feriu as duas, porque nenhuma delas saiu sozinha do relacionamento: ambas levaram amigas com elas. Quando se reconciliaram mais tarde, ambas lamentaram profundamente tal desperdício de anos.

Meninas, não podemos mais viver isso. Somos filhas do Rei. Temos de nos manter em um padrão diferente do que é comum em nossa cultura ou mesmo do padrão daqueles que estão dentro da igreja, mas vivem descuidadamente, esquecendo quem realmente são. Cristo nos chamou para sermos pessoas que dizem a verdade e vivem na luz, que resolvem seus conflitos abertamente em vez de recuar e ficar amargas. Mais que isso, precisamos chegar a um ponto de decidir esta questão de uma vez por todas: será que acreditamos que não importa o que aconteça ao nosso redor, Deus está no controle? Se não acreditarmos nisso com profundidade suficiente para impactar os momentos mais difíceis de nossas vidas, permitiremos que o inimigo nos enlouqueça.

Enquanto os soldados e generais de Saul ouviam sua falação, Doegue, o edomita, falou. "Vi o filho de Jessé chegar em Nobe e encontrar-se com Aimeleque, filho de Aitube. Aimeleque consultou o SENHOR em favor dele; também lhe deu provisões e a espada de Golias, o filisteu" (1Samuel 22:9-10).

A Bíblia não nos diz se Doegue entendia o peso de suas palavras naquele dia ou se estava apenas tentando conquistar o favor do rei, mas ele havia acabado de assinar a sentença de morte não apenas do sumo sacerdote, mas também de oitenta e quatro sacerdotes que serviam ao lado dele.

Saul ordenou que o sumo sacerdote fosse levado até ele. Aquele servo humilde de Deus e do rei Saul foi arrastado para lá como um criminoso comum. Quando começamos a suspeitar dos mais inocentes entre nós, estamos nos caminhando rumo a um tipo de loucura destrutiva.

> "Por que vocês conspiraram contra mim, você e o filho de Jessé? Porque você lhe deu comida e espada, e consultou a Deus em favor dele, para que se rebelasse contra mim e me armasse cilada, como ele está fazendo?"
>
> Aimeleque respondeu ao rei: "Quem dentre todos os teus oficiais é tão leal quanto Davi, o genro do rei, capitão de sua guarda pessoal e altamente respeitado em sua casa? Será que foi essa a primeira vez que consultei a Deus em favor dele? Certamente que não! Que o rei não acuse a mim, seu servo, nem a qualquer um da família de meu pai, pois seu servo nada sabe acerca do que está acontecendo" (1Samuel 22:13-15).

O rei Saul ordenou que seus guarda-costas matassem todos os oitenta e cinco sacerdotes de Nobe, mesmo sendo inocentes e estando vestidos com suas vestes sacerdotais. Mas os soldados se recusaram a fazer algo tão mau, de modo que Saul ordenou que Doegue o fizesse. Naquele dia ele assassinou não apenas os sacerdotes, mas suas esposas e filhos também. Somente um menino escapou... um dos filhos do sumo sacerdote. O garoto correu sem parar até encontrar Davi e contar a ele sobre o massacre de todos os que ele conhecia e amava.

Então Davi disse a Abiatar: "Naquele dia, quando o edomita Doegue estava ali, eu sabia que ele não deixaria de levar a informação a Saul. Sou responsável pela morte de toda a família de seu pai. Fique comigo, não tenha medo; o homem que está atrás de sua vida também está atrás da minha. Mas você estará a salvo comigo" (vv. 22-23).

Não posso imaginar como Davi deve ter se sentido naquele dia, especialmente sendo um homem que tinha um coração sincero para com Deus e com os outros. Perceber que ele inadvertidamente havia causado a morte de tantas pessoas deve ter sido um peso insuportável para carregar.

Assumir o controle por um único momento, quando ele achou que tinha de criar um plano, havia tido repercussões trágicas. Um dominó caiu e deflagrou uma reação em cadeia devastadora que custou muito a tantas vidas.

Quando a tristeza de Davi se transformou em ira contra Doegue, um homem disposto a vender a alma, ele escreveu o Salmo 52:

Por que você se vangloria do mal e de ultrajar a Deus
continuamente?, ó homem poderoso!
Sua língua trama destruição; é como navalha afiada, cheia de
engano.
Você prefere o mal ao bem, a falsidade, em lugar da verdade.
Você ama toda palavra maldosa, ó língua mentirosa!

Saiba que Deus o arruinará para sempre:
ele o agarrará e o arrancará da sua tenda;
ele o desarraigará da terra dos vivos.
Os justos verão isso e temerão; rirão dele, dizendo:
"Veja só o homem que rejeitou a Deus como refúgio;
confiou em sua grande riqueza e buscou refúgio em sua maldade!"

(vv. 1-7)

Davi não podia mudar o mal que havia ocorrido. Ele não podia desfazer o dano que havia causado. Tudo que ele podia fazer agora era viver de maneira diferente, mais sábia.

O mesmo acontece conosco. Quando erramos, não importa se por termos assumido o controle de uma situação que deveríamos ter deixado de lado ou por não termos feito algo que deveríamos, não podemos voltar atrás. Mas pela graça de Deus podemos seguir em frente.

Minha querida amiga Barbara Johnson viveu profundamente a verdade de que podemos seguir adiante. Não creio que foi coincidência conhecê-la apenas algumas semanas depois daquela noite perturbadora no hotel com cheiro de fumaça e café queimado.

Eu já a conhecia como autora de best-sellers, mas nunca a havia encontrado e não conhecia a extensão de sua história de sofrimento, até que a recebi como convidada em meu programa de televisão. Ela não parecia uma autora de best-sellers; ela se parecia com minha mãe. Usando um vestido roxo brilhante e tinha o mesmo penteado que fiz em minha mãe umas cem vezes. Quando ela começou a falar, sua história me cativou instantaneamente.

Ela falou sobre como foi entrar em uma sala fria, esterilizada e com um cheiro estranho para identificar seu filho mais novo enviado do Vietnã para casa em um saco para cadáveres. A princípio, ela achou que eles haviam entendido mal: "Este não é o meu filho!" Barbara gritou. Mas era. A terrível verdade era que ele havia ficado deitado com o rosto para baixo em um arrozal por três dias, por isso não havia como reconhecer o garotinho dela ali. Ela perdeu seu filho mais velho também, em um acidente de carro devastador em algum lugar do Canadá. Mais uma vez, ela teve de ir ao mesmo necrotério e identificar outro filho. Eu mal podia respirar enquanto ela falava. Não podia imaginar o horror de tudo aquilo. Mas Barbara disse que foi um filho diferente e uma situação completamente diferente que lhe ensinou a maior lição sobre controle.

Enquanto procurava algumas coisas no quarto de seu filho David, ela encontrou uma pilha de pornografia homossexual, o que a deixou horrorizada. Aquele filho era o menino de ouro, com um futuro brilhante à frente. Quando ela o confrontou com a descoberta, a conversa entre eles transcorreu muito mal. Ele disse à mãe que já sabia, há algum tempo, que era gay. Barbara ficou zangada e magoada, então disse coisas das quais se arrependeu depois, mas era tarde demais para cancelá-las.

David então foi embora, e por sete anos ela não o viu. Sete anos é muito tempo para ficar separada de um filho, principalmente quando você já enterrou dois. Ela não sabia onde ele estava nem se estava morto ou vivo.

Você já esteve em uma situação tão devastadora assim?

Você pode ter dito uma palavra ou tomado uma atitude da qual não pode voltar atrás.

Pode ser a maneira como seu filho está vivendo agora, e você não tem controle sobre o comportamento dele.

Pode ser um casamento que está falido por algo que você disse ou fez. Você lamenta profundamente os seus atos e pede perdão, mas não tem controle sobre o fato de seu cônjuge perdoá-la ou não.

Então, o que você faz enquanto isso?

O que Davi fez depois de ser ungido rei, mas permanecer fugindo na companhia de alguns homens privados de seus direitos civis?

O que fazer quando seu filho se foi e você não faz ideia de onde ele está?

O que fazer quando você ama a Deus, mas vive de uma maneira que a afasta totalmente dele e destrói sua vida?

O que você faz quando a vida parece estar tão *fora de controle?*

Você faz o que Barbara escolheu fazer. Pela graça de Deus, você busca fazer algo útil nesse meio tempo, pois a espera pode ser realmente um tempo muito difícil. Durante os anos em que seu filho desapareceu de sua vida, ela iniciou um ministério chamado *Spatula Ministriesi*, para mães que precisavam de cuidado por causa de situações difíceis com seus filhos! Não apenas isso, mas ela começou a cuidar de pessoas portadoras da AIDS. Anos depois perguntei a Barbara como ela sobreviveu àqueles anos difíceis. Ela me disse que quando você entrega seu sofrimento e sua dor a Deus e confia nele quanto ao resultado, encontra muita liberdade. Ela era conhecida por sempre dizer esta frase: "Seja como tu quiseres, Senhor!"

Você pode dizer isso? E pode também entregar o que parece tão fora de controle a Deus, sabendo que ele é bom e que ele ama você, confiando nele em relação ao tempo da resposta?

Ansiamos por paz, mas temos o costume de assumir o controle porque isso nos faz sentir que estamos fazendo algo. A verdade é que o único lugar no qual a verdadeira paz pode ser encontrada é em Cristo, o Príncipe da Paz.

Eu estava soluçando no tapete. Sentia-me completamente fora do controle da situação. Um amigo com quem eu trabalhara na JOCUM anos antes, em Hong Kong, havia acabado de ligar e dizer que John telefonara para ele dizendo que eu estava maluca. E eu me perguntei para quantas outras pessoas ele havia ligado. Finalmente, peguei o telefone e liguei para Steve, um mentor espiritual que sabia da nossa situação. Ele me fez uma pergunta: *"Você acredita que Deus está com você?"*

Uma pergunta tão simples, mas que mudou tudo. Pensei que eu ansiava por ver o fim daquela loucura, mas, na verdade, eu ansiava pela paz de Cristo. A paz que Jesus oferece sempre pode ser encontrada, por mais tempestuoso que o céu esteja, pois ele é a nossa paz.

Algumas semanas depois, uma mulher que eu amava e admirava há anos convidou-me para passar alguns dias com ela. As lições que aprendi aos pés dela continuam a me impactar hoje.

Ruth Bell Graham, a finada esposa do Dr. Billy Graham, era uma mulher sábia e temente ao Senhor. Enquanto estávamos sentadas junto à lareira uma noite, com a madeira estalando e fagulhas vermelhas de fogo escapando e subindo pela chaminé, ela abriu sua Bíblia bastante gasta e leu estas palavras da carta de Paulo à Igreja de Filipos: "Não andem ansiosos por coisa alguma, mas em tudo, pela oração e súplicas, e com ação de graças, apresentem seus pedidos a Deus. E a paz de Deus, que excede todo o entendimento, guardará o coração e a mente de vocês em Cristo Jesus" (Filipenses 4:6-7). Então ela falou sobre os anos em que seu filho, Franklin, não queria nada com Deus. A rebelião do rapaz e as escolhas que ele fazia a aterrorizavam. Ela disse: "Eu costumava ficar de joelhos ao lado da minha cama com lágrimas descendo pelo meu rosto, implorando a Deus para trazer meu filho pródigo de volta... até que me lembrei desse versículo. Eu o conheci a vida inteira, mas havia ignorado uma expressão: *ação de graças*".

Ela disse que dar graças muda tudo dentro de nós. Quando fazemos isso, estamos dizendo a Deus: "Não sei como o Senhor fará isso, mas o Senhor é Deus e faz todas as coisas bem, e eu confio no Senhor; eu entrego em suas mãos".

Você pode fazer isso hoje? Pode trazer aquilo que anseia consertar para Deus, entregar isso a ele, e confiar nele? Quando adorarmos em vez de nos preocuparmos, a paz de Deus inunda o nosso coração e a nossa mente.

CINCO

O anseio pelos seus direitos

"Merece! Ouso dizer que sim. Muitos que vivem merecem a morte. E alguns que morrem merecem viver. Você pode dar-lhes a vida? Então não seja tão ávido para julgar e condenar alguém à morte. Pois mesmo os muito sábios não conseguem ver os dois lados."[1]

— *J. R. R. Tolkien, A Sociedade do Anel*

Entregou o símbolo do seu poder ao cativeiro,
e o seu esplendor, nas mãos do adversário.

— *Salmos 78:61*

EM ABRIL DE 2015, MEU FILHO CRISTIAN E EU EMBARCAMOS em nosso voo de Dallas, no Texas, para Sydney, na Austrália. É o voo direto mais longo que existe: dezessete horas de duração. Christian tem um metro e oitenta e dois, portanto eu estava preocupada com o fato de ele viajar pelo ar espremido em um tubo de metal por tanto tempo. Eu não deveria ter me preocupado. Ele é um guerreiro das estradas desde pequeno.

Eu havia sido convidada para falar na Colour Conference, uma conferência da Hillsong Church para mulheres na Austrália. Eu já havia falado na Colour antes, em Londres e em Kiev, mas essa vez seria a primeira que eu visitaria o lugar de origem desse lido movimento de mulheres em todo o globo. O impacto da Hillsong no mundo é impressionante. Os pastores Brian e Bobbie Houston dirigem a Hillsong Church. Eles hoje têm igrejas implantadas na Suécia, Holanda, Dinamarca, França, África do Sul, Inglaterra, Rússia, Ucrânia, Espanha, Argentina, Brasil, além de duas nos Estados Unidos, em Nova York e Los Angeles. O pastor Brian descreve o movimento como "uma casa, muitos quartos".

Eu estava empolgada não apenas para ministrar na conferência, mas também por ter a chance de ensinar em cultos de domingo em três dos câmpus de Sydney. Eu amava os louvores de adoração que vinham da Hillsong há muito tempo, de modo que ter o privilégio de adorar naquela atmosfera era um presente para um coração muitas vezes cansado da estrada. Tom Bachtle, um dos pastores e um dos cristãos mais gentis que já conheci, nos apanhou no aeroporto e nos levou para o nosso hotel no centro de Sydney, apenas a uma curta caminhada da famosa Sydney Opera House e da ponte da Baía de Sydney.

A televisão em meu quarto estava ligada, sintonizada na Sky News. Procurei o controle remoto para desligá-la a fim de poder dormir um pouco, mas parei. Os rostos de dois homens enchiam a tela. Algo em um deles, um homem identificado como Andrew Chan, me atraiu. Não porque fosse uma foto atraente, longe disso. Um jornalista a havia tirado enquanto Andrew estava sendo levado de sua cela na prisão para o tribunal, mas eu me senti impelida a sentar-me e ouvir. Aqueles dois homens australianos, Andrew Chan e Myuran Sukumaran, haviam sido presos por contrabando de drogas em 2005, um crime punível com a pena de morte na Indonésia.

Eu tinha uma lembrança repugnante de quando conheci essas leis rígidas durante uma turnê de concertos no fim dos anos oitenta na

Malásia, Indonésia e Singapura. Antes de aterrissar em Kuala Lumpur, na Malásia, uma comissária de bordo me deu um cartão de permanência para preencher. No fim do cartão em letras maiúsculas dizia que se eu estivesse levando qualquer droga, seria enforcada. Na Indonésia, o cartão de permanência dizia que eu seria fuzilada por um pelotão de fuzilamento. Fiquei tão apavorada que joguei meu analgésico e as minhas vitaminas pela descarga do avião!

O repórter da tevê falava sobre a data da execução que se aproximava para aqueles dois homens, parte do grupo conhecido como Os Nove de Bali. Orei por eles, perguntando-me qual era a história deles, sem saber se eles tinham um relacionamento com Cristo ou não.

Naquela noite no jantar, perguntei a Bobbie se ela sabia alguma coisa sobre aqueles homens. Seus olhos se encheram de lágrimas. Ela me disse que Brian havia estado em contato com Andrew e havia orado por ele e o encorajado. Fiquei muito feliz em saber que aquele homem cujo rosto havia me cativado conhecia Cristo. Mas eu queria saber mais. Como Andrew havia conhecido a fé no corredor da morte? Havia alguma esperança de adiamento da sentença?

Pesquisei na internet e encontrei um artigo no site da Bible Society [Sociedade bíblica]. Uma pequena equipe da organização internacional de evangelismo, a Leading the Way [Indicando o caminho], havia tido permissão para visitar Andrew em 2013. O que eles contaram era notável. Na época da visita deles, Andrew estava dirigindo a igreja cristã dentro da prisão de Kerobokan, um lugar miserável na ilha de Bali, na Indonésia. Ele pregava e dirigia o louvor. Ele não tinha treinamento formal, mas servia como pastor para os outros prisioneiros, passando os dias servindo a Cristo. Sabendo que era improvável que sua sentença de morte sofresse uma reviravolta, Andrew treinava líderes para continuarem a obra do Senhor em Kerobokan após sua morte.

Chris Makin, da Leading the Way, perguntou a Andrew como ele havia chegado à fé. Estas são as palavras de Andrew:

Quando vi, eu estava aqui. A princípio, achei que não nada demais, que logo sairia daqui. Foi somente depois de ir parar no confinamento, na solitária, que entendi que eu não ia sair daqui. Na verdade, entendi que eles iam me matar. Eu nunca havia me sentido tão impotente e sozinho antes, então decidi que se eles iam me matar de qualquer maneira, eu simplesmente faria isso por mim mesmo. Tirei a camiseta e fiz um nó corrediço, depois me lembrei do problema do céu e do inferno, e decidi que se eu iria me matar era importante garantir minha entrada no céu. Não tinha certeza de como fazer isso, mas imaginei que deveria orar. Também não tinha certeza de como orar, então olhei para cima e disse simplesmente: "Deus, se você é real...", e pela primeira vez em minha vida comecei a chorar e acabei de joelhos. Chorei sem parar, e disse: "Deus, se você é real, envie alguém que se importe comigo para me ver". Adormeci assim. Às seis e meia da manhã seguinte, um guarda me acordou. Acordei amaldiçoando-o, que era a minha reação normal, e ele disse: "Levante-se. você tem um visitante". Eu disse: "Não posso ter um visitante, ninguém sabe que estou aqui". Ele me levou até a área dos visitantes e vi meu irmão. Pensei: *Minha mãe deve ter visto sobre a prisão no noticiário e enviou meu irmão para me ver*, porque eu sabia que meu irmão não viria simplesmente — nós não gostamos um do outro. Nós convivemos como cão e gato.

Quando cheguei perto dele, meu irmão disse: "Andrew, não importa o que aconteça ou quanto tempo leve, eu vou estar aqui com você". Pedi a ele para me trazer uma Bíblia. Comecei em Gênesis quando a recebi, e pensei: *Estas são um monte de histórias legais*, mas não aprendi nada com aquilo...

Antes da data da minha audiência, lembro-me de ter lido Marcos 11:23-24, que diz que se você tiver fé suficiente pode dizer a este monte "Levante-se", e Deus o fará. Então eu disse: "Deus, se você é real e se isso é verdade, quero que me liberte. Se você fizer isso, eu o servirei todos os dias pelo resto da minha vida". Fui para a audiência e eles me condenaram à pena de morte.[2]

Não era a resposta que ele estava esperando.

Pode parece estranho contar a história de Andrew em um capítulo intitulado "O Anseio pelos Seus Direitos". Quando você transgride a lei da terra, abre mão de muitos dos seus direitos.

O que Andrew poderia ter em comum com o rei Davi, um homem que não havia feito absolutamente nada de errado, que havia sido escolhido por Deus para ser rei, com todos os direitos do cargo, e, no entanto, estava vivendo como alguém já julgado, condenado e no corredor da morte?

Talvez seja mais pertinente dizer: o que poderia um contrabandista de drogas condenado (pois ele havia cometido o crime antes de sua conversão) ter a dizer a você e a mim em nossa jornada?

Muito.

Tudo tem a ver com liberdade.

Há um mistério em jogo aqui, um mistério que nunca será compreendido fora de um relacionamento com Jesus Cristo. Infelizmente, alguns de nós que somos seguidores de Cristo ainda não captamos a beleza desse mistério. O rei Saul morreu por suas próprias mãos porque não o entendeu, porque se recusou a submeter sua vida à incrível liberdade que esse mistério oferece. O rei Davi, por sua vez, viveu pela verdade desse mistério. Ela o sustentaria ao longo das noites mais escuras e da oposição mais feroz, quando parecia que sua vida não seria poupada.

Tendo acabado de receber a pena de morte, Andrew Chan, como Davi, estava prestes a ser transformado pela verdade desse mistério.

Enquanto esperava que a sentença fosse pronunciada naquele dia no tribunal, Andrew se perguntou se, agora que tinha um relacionamento com Cristo, seria salvo. Ele estava servindo a Deus, levando outros prisioneiros a um relacionamento com Cristo. Era um homem diferente daquele que havia transgredido a lei dez anos antes. Com certeza Deus interviria. Eis as palavras de Andrew:

> Quando voltei à minha cela, eu disse: "Deus, eu pedi para o Senhor me libertar, não para me matar". Deus falou comigo e disse: "Andrew, eu o libertei de dentro para fora, eu lhe dei vida!" Daquele momento em diante, não parei de adorá-lo. Eu nunca havia cantado antes, nunca ministrei o louvor, até que Jesus me libertou.

Depois que voltei para casa, acompanhei a história de Andrew. Orei por ele e pelos outros que aguardavam os decretos das sentenças de morte. Todas as apelações falharam. O governo da Indonésia recusou-se a conceder clemência a qualquer dos prisioneiros, apesar da pressão do governo australiano e da Anistia Internacional.

Sentei-me para escrever este capítulo às oito da manhã do dia 28 de abril de 2015, sabendo que dentro de quatro curtas horas as execuções ocorreriam. Houve poucas notícias nos jornais nos Estados Unidos, já que nenhum dos prisioneiros era norte-americano, de modo que acompanhei as notícias da Austrália pela internet. Todo tipo de detalhe sobre as horas finais dos prisioneiros foi transmitido. Não existe o costume de servir uma última refeição na Indonésia, mas Andrew e Myuran pediram frango frito para todos os Nove de Bali no corredor da morte. Eles haviam sido mantidos em alojamentos separados, mas Andrew perguntou ao diretor da prisão se podiam ficar juntos durante suas últimas horas, e ele concordou. Um pastor que estava com eles disse que Andrew fez tudo o que podia para encorajar os outros, para compartilhar de Cristo e da esperança que ele havia encontrado nele. O corredor da morte em uma prisão temida na Indonésia se tornou um lugar de adoração.

Andrew foi executado há uma hora.

Parei de escrever por uma hora antes da execução da sentença, para me unir a Andrew e a milhares de pessoas em todo o mundo que oravam por eles e com eles. Pedi a Deus que tudo o que Andrew e os outros vissem quando fossem levados para o campo de execução fosse a face de Jesus, assim como o apóstolo Estêvão havia visto todos aqueles anos atrás antes de o apedrejarem. A Bíblia nos diz que Estêvão, "cheio do Espírito Santo, levantou os olhos para o céu e viu a glória de Deus, e Jesus em pé, à direita de Deus, e disse [aos seus executores]: 'Olhem, vejo os céus abertos e o Filho do homem em pé, no lugar de honra, à direita de Deus!'" (Atos 7:55-56, grifo do autor).

Quando foi dada a notícia de que a execução havia ocorrido, postei isto na minha página no Instagram, com a foto de Andrew:

> Então vi novos céus e nova terra, pois o primeiro céu e a primeira terra tinham passado; e o mar já não existia. Vi a Cidade Santa, a nova Jerusalém, que descia dos céus, da parte de Deus, preparada como uma noiva adornada para o seu marido. Ouvi uma forte voz que vinha do trono e dizia: "Agora o tabernáculo de Deus está com os homens, com os quais ele viverá. Eles serão os seus povos; o próprio Deus estará com eles e será o seu Deus. Ele enxugará dos seus olhos toda lágrima. Não haverá mais morte, nem tristeza, nem choro, nem dor, pois as velhas coisas já passaram para sempre" (Apocalipse 21:1-4).

Nos dias que se seguiram, soube que Andrew e os outros haviam se recusado a ser vendados e morreram com as palavras do hino "Amazing Grace" em seus lábios.

Uma história comovente, certo? Um testemunho maravilhoso do que Deus pode fazer nos lugares mais sombrios. Mas o que essa história tem a ver com a sua vida hoje? Como essa verdade se encaixa com o que estamos aprendendo sobre Saul e Davi? Como qualquer dessas coisas se relaciona com as coisas que contei sobre a minha vida?

O que Andrew e o Rei Davi sabiam no fundo do espírito deles será uma verdade transformadora para nós se tomarmos posse dela. É algo que não acontece naturalmente, nem é encorajado por nossa cultura: rendição. Agora, quando escrevo "rendição", não quero que você pense em si mesmo balançando uma bandeira branca de uma maneira impotente, porque o que está enfrentando é forte demais e você não acha que pode vencer. Longe disso! Estou falando sobre uma rendição deliberada, santa, de quem você é e de tudo o que ama a Deus, porque você acredita que ele é maior que qualquer inimigo que você enfrente agora ou venha a enfrentar amanhã. Sua oração ardente ecoa a oração de Cristo: "Que não seja feita a minha vontade, mas a tua".

Você pode ser tentada a dizer: "Você não conhece a minha situação!" "Não entende o que estou enfrentando!" "Não conhece meu ex-marido!" "Não entende as mentiras que espalharam sobre mim!"

Isso é verdade, não conheço mesmo. Mas sei o que Davi fez quando teve a oportunidade de se valer dos seus direitos e se defender. Ele *não* se defendeu, embora todos que o cercavam lhe dissessem que essa era a coisa certa a fazer, e que havia sido determinada por Deus.

Quanto a mim, essa não é uma imagem muito inspiradora. Levei muito tempo para "entender", e quis sinceramente morrer no processo do meu problema. Mas vamos dar uma olhada primeiro no que Davi fez.

Deixamos Davi escondido na caverna de Adulão, juntamente com uma turma bastante heterogênea: "Quando seus irmãos e a família de seu pai souberam disso, foram até lá para encontrá-lo. Também juntaram-se a ele todos os que estavam em dificuldades, os endividados e os descontentes; e ele se tornou o líder deles. Havia cerca de quatrocentos homens com ele" (1Samuel 22:1-2).

Davi havia deixado o palácio sozinho. Homens em dificuldades e endividados se juntaram *a ele*. Ele tinha menos agora do que quando era um menino pastor. Davi nem sequer tinha sua lira ou suas ovelhas ou a simples alegria de cantar sob as estrelas e o sol. Ele sentou-se no escuro, cercado por aqueles homens sofredores, desiludidos e amargos. A palavra para *sofrimento* é a palavra hebraica קוּץ *(tsuq)*. Ela é usada para falar de pessoas que estão sob uma enorme pressão. A palavra para *dívida* aqui vem do hebraico נָשָׁה *(nashah)*. Significa ter vários credores, de modo que estamos olhando para pessoas que estavam completamente estressadas e não podiam pagar suas contas. Saul estava cobrando impostos além do razoável. Quando as pessoas não podiam pagar, ele tomava posse da terra delas. Aqueles homens queriam justiça. Eles sabiam que seus direitos haviam sido violados. Aqueles eram homens que estavam procurando uma batalha e ansiando por alguém para liderá-la.

Mas Davi recusou-se a ser esse homem, embora parecesse que Deus havia entregado o seu inimigo em seu colo: "Ele foi aos currais de ovelhas que ficavam junto ao caminho; havia ali uma caverna, e Saul entrou nela para fazer suas necessidades. Davi e seus soldados estavam bem no fundo da caverna. Eles disseram: 'Este é o dia sobre o qual o Senhor lhe falou: 'Entregarei nas suas mãos o seu inimigo para que você faça com ele o que quiser'" (1Samuel 24:3-4).

Experimente se colocar nessa caverna e imagine como todos se sentiram. Saul havia mostrado ser totalmente insano, tornando a vida miserável para aqueles a quem ele havia sido ungido para liderar. Tentou matar Davi três vezes com sua lança e ordenou a execução dos sacerdotes e de suas famílias. Saul havia se entregado ao mal. Em 1Samuel 23:14 lemos: "Davi permaneceu nas fortalezas do deserto e nas colinas do deserto de Zife. Dia após dia Saul o procurava, mas Deus não entregou Davi em suas mãos". Dia após dia! O rei de Israel, em vez de cuidar de seus deveres reais, havia intimado todos os seus homens para caçarem Davi e matá-lo.

Davi clamou ao Senhor por livramento. Ele escreveu o Salmo 57 enquanto estava naquela caverna:

Misericórdia, ó Deus; misericórdia,
pois em ti a minha alma se refugia.
Eu me refugiarei à sombra das tuas asas,
até que passe o perigo.
Clamo ao Deus Altíssimo,
a Deus, que para comigo cumpre o seu propósito.
Dos céus ele me envia a salvação,
põe em fuga os que me perseguem de perto.
(vv. 1-3)

Porém, mesmo em seu desespero e em sua hora mais escura, Davi mantinha o foco no Senhor. O Salmo 57 termina assim:

Meu coração está firme, ó Deus,
meu coração está firme;
cantarei ao som de instrumentos!
Acorde, minha alma!
Acordem, harpa e lira!
Vou despertar a alvorada!
Eu te louvarei, ó Senhor, entre as nações;
cantarei teus louvores entre os povos.
Pois o teu amor é tão grande que alcança os céus;
a tua fidelidade vai até as nuvens.

Sê exaltado, ó Deus, acima dos céus!
Sobre toda a terra esteja a tua glória!
(vv. 7-11)

Davi deixou claro que seu coração confiava apenas em uma coisa: no Senhor seu Deus. Mas os homens que compartilhavam a caverna com ele não tinham a mesma visão. Do ponto de vista deles, era Deus quem havia entregado Saul nas mãos de Davi. Por meio de algo tão simples quanto a necessidade de ir ao banheiro, Saul havia ficado totalmente vulnerável. Os homens de Davi consideraram o fato como uma oportunidade divina e quiseram tirar vantagem disso.

Não creio que tenha sido coincidência o fato de Saul ter escolhido exatamente a caverna onde Davi e seus homens estavam escondidos. Deus muitas vezes nos coloca em situações para nos permitir descobrir o que há dentro de nós.

Então, o que Davi fez? Ele recusou a espada. Em vez disso, esgueirou-se e arrancou um pequeno pedaço da borda do manto do rei Saul, depois recuou novamente para o fundo da caverna. Não é grande coisa, certo? Foi algo meio estranho, na verdade. O tipo de história que você conta em uma festa. Mas aquele ato incomodou Davi: "Mas Davi sentiu bater-lhe o coração de remorso por ter cortado uma ponta do manto de Saul, e então disse a seus soldados: 'Que o SENHOR me livre de fazer tal coisa a meu senhor, de erguer a mão contra ele, pois é o ungido do SENHOR'" (1Samuel 24:5-6).

Estou certa de que os homens começaram a duvidar da sanidade de Davi naquele momento! Deus havia entregado o inimigo deles em suas mãos, e agora Davi está incomodado por ter estragado a bainha do manto do rei? Mas essa não era a questão. Davi sabia que mesmo um pequeno passo de desobediência importa. Sua reverência a Deus era tão séria que o simples ato de tocar, de profanar a bainha do manto do homem que Deus havia escolhido, era algo errado.

É fácil justificar pequenas atitudes. Davi não matou Saul. Tudo o que ele fez foi pegar uma lembrança daquele encontro. Mas isso nos diz muito sobre o coração de Davi, porque mesmo uma pequena coisa o incomodou. Esse é um princípio espiritual profundamente importante que Cristo repetiu: "Quem é fiel no pouco, também é fiel no muito, e quem é desonesto no pouco, também é desonesto no muito" (Lucas 16:10).

Davi escolheu não lutar por seus direitos, por mais certos que fossem. Ele confiou somente em Deus para livrá-lo. Saul estava errado, mas Davi não ia tomar a questão e resolvê-la com as próprias mãos. Ele deixaria essa tarefa com Deus.

Essa é uma atitude difícil. Se alguém fez algo para manchar sua reputação, tudo dentro de você se levanta para consertar esse erro.

Sei disso, porque já passei por essa situação.

Não vou entrar nos detalhes de todos os motivos pelos quais finalmente me divorciei de John. Eu tinha bases bíblicas para essa decisão, que eram conhecidas pelo nosso conselheiro e pastor. Ainda assim, creio que um casal comprometido com Deus e um com o outro pode sobreviver à infidelidade — é doloroso, mas podemos sobreviver a ela. Infelizmente, em nosso caso foi algo muito mais complicado que isso.

Então, quando finalmente ficou claro para mim, para minha família e para o meu pastor que não havia outro caminho, John ficou muito zangado, o que era compreensível. Ele tinha muitos amigos na indústria da música, portanto não era difícil imaginar um cenário no qual ele me prejudicaria o máximo possível. Tudo que até então havia se partido dentro de mim, naquele momento foi completamente destroçado.

Em resultado de seu amor e honra a Deus, Davi não revidou. Eu não revidei porque interiormente eu era uma garotinha assustada.

Fiquei de pé na extremidade do nosso ancoradouro para barcos, pensando em como seria fácil deslizar silenciosamente para dentro d'água. Eu acreditava que seria mais fácil lidar com uma Sheila Walsh morta do que com uma Sheila Walsh divorciada na comunidade cristã. O que me impediu de fazer isso foi a ideia de minha mãe recebendo outro telefonema dizendo que alguém que ela amava havia desaparecido sob a água. Eu não podia fazer isso com ela. Em vez disso, acabei em um hospital psiquiátrico. Aquele lugar se tornou uma espécie de caverna para mim, onde, no silêncio e no escuro, eu podia buscar a Deus. Escrevi em meu diário na primeira noite: "Eu nunca soube que o Senhor vivia tão perto do chão".

Na minha "caverna" conheci muitos crentes estressados, esgotados e desiludidos, que, como eu, haviam acumulado seus sentimentos por tanto tempo que estavam prestes a explodir.

Havia uma missionária que foi abusada sexualmente aos sete anos e se sentia tão culpada por isso, que escolheu servir a Deus no exterior para mostrar o quanto estava arrependida. Ela detestava seu trabalho. Interiormente, ela estava furiosa pela injustiça que sofrera em sua vida. Ela estava zangada com Deus e zangada consigo mesma porque sentia que havia abandonado aquela garotinha que fora um dia, a garotinha inocente de sua infância.

Havia uma jovem muito querida que cortou os pulsos, porque ninguém acreditava em seu relato contando o que um membro de confiança da família havia feito com ela.

Havia um homem de negócios de sucesso que finalmente desmoronou sob o peso da falta de amor de sua mãe quando ele era garoto. "Por mais bem-sucedido que eu seja, tudo o que acumulo dentro de mim é: 'Eu gostaria que você nunca tivesse nascido!'"

A desigualdade escandalosa da vida havia levado muitos a um ponto de ruptura. Há muitas coisas na vida que não são justas, mas algumas são tão injustas que o fardo é pesado demais para carregar.

Uma manhã, enquanto eu estava sentada com a cabeça nas mãos, soluçando tanto que mal conseguia respirar, meu terapeuta perguntou:

— O que é a pior coisa que seu marido pode fazer com você?

Endireitei-me e olhei para ele, incrédula. Quando eu havia me recomposto o suficiente para falar, perguntei:

— Você quer que eu entre nesse assunto? Você deveria estar me ajudando!

— Enquanto não se sentir em paz com isso, você nunca será livre — ele disse tranquilamente.

— Mas isso não é justo! — gritei.

As palavras mal haviam saído dos meus lábios, quando me lembrei de algo que eu havia dito a uma convidada em um programa algumas semanas antes. Ela foi criada por uma mãe verbalmente abusiva, que tinha grande prazer em deixar a filha arrasada. Fiquei profundamente comovida enquanto ouvia aquela mulher descrever como encontrar um relacionamento com Cristo havia transformado tudo.

— Eu costumava querer vê-la sofrer pela dor que ela havia causado, mas depois de ser salva e amada por Deus, eu não precisava mais disso.

Ao encerrar o programa naquele dia, eu disse:

— Uma coisa ficou muito clara para mim hoje: a justiça não mora aqui, mas Jesus mora.

Agora essas palavras voltavam para mim, e pude sentir o peso delas. *A justiça não mora aqui, mas Jesus mora.*

Algo mudou em mim naquele dia. Eu era cristã desde onze anos de idade, mas agora eu começara a ler a Palavra de Deus com novos olhos e uma nova fome. Palavras que eu havia lido antes agora se tornavam vivas em mim. Como estas: "Digo-lhes verdadeiramente que, se o grão de trigo não cair na terra e não morrer, continuará ele só. Mas se morrer, dará muito fruto. Aquele que ama a sua vida, a perderá; ao passo que aquele que odeia a sua vida neste mundo, a conservará para a vida eterna" (João 12:24-25).

Então pensei: *o que importa se tudo desmoronar? Deixe para lá. Que tudo desmorone. Cristo permanecerá, e ele é tudo que eu preciso.*

Lembrei-me do versículo que me foi lido quando fui batizada, aos dezesseis anos. "Vocês não me escolheram, mas eu os escolhi para irem e darem fruto, fruto que permaneça, a fim de que o Pai lhes conceda o que pedirem em meu nome" (João 15:16).

Descansei na promessa de que foi Deus quem me escolheu e que qualquer fruto que minha vida tivesse produzido, e fosse dele, permaneceria, e tudo o mais podia cair ao chão.

Guardei aquelas palavras de vida por muito tempo. E comecei a encontrar consolo em algumas verdades básicas:

- E daí se o seu ministério desmoronar e morrer? Deus ainda a ama!
- E daí se você nunca gravar outro disco, cantar outra canção ou escrever outro livro? Isso não mudará o curso da história do mundo!
- Sheila, você acredita que Deus é bom e que ele está no controle? Sim, acredito!
- Você permitiu que alguém tivesse mais poder sobre sua vida do que Deus? Sim, permiti!

Passei um mês naquele hospital. Uma ala psiquiátrica foi um dos maiores presentes de Deus para mim. Assim como ele fez com Andrew Chan, às vezes Deus colocará você na prisão para libertá-lo.

Alguns anos depois, esbarrei com John na Califórnia, onde eu participava de um seminário. Nós nos sentamos e almoçamos. Ele me mostrou retratos de sua linda nova esposa. Ele estava muito orgulhoso dela. Fiquei muito feliz por ele. Ele me perguntou sobre o Women of Faith [Mulheres de fé], uma organização com a qual eu vinha fazendo conferências desde 1996. Eu disse a ele que havia me adequado perfeitamente ao ministério, pois todas as conferencistas haviam chegado a um relacionamento mais profundo com Cristo nas cavernas mais escuras de suas vidas. O amor de Deus brilhou através da nossa fraqueza.

— O que mais amo — eu disse — é que Cristo é o herói de todas as nossas histórias. Foi um grande alívio descobrir que eu não sou a boa nova; ele é que é!

Pedi a ele que me perdoasse por qualquer atitude com a qual eu tivesse contribuído para o desastre em nossas vidas. Enquanto eu estava sentada ali, ouvindo-o, Deus deixou claro para mim que eu devia fazer isso sem a menor hesitação ou expectativa. Quando nos separamos ele me abraçou e disse: "Eu sabia que você ficaria bem!" Enquanto eu o observava se afastar, orei para que a graça, a misericórdia e o amor de Deus caíssem sobre ele em ondas. Todos nós precisamos de uma onda impactante do amor de Deus. John ensinou-me que todos nós estamos em pedaços.

Naquele dia na caverna, Davi impediu que seus homens agissem com base no desejo de assassinato que havia em seus corações. Ele não devia qualquer explicação a eles, porque a única pessoa com quem havia agido mal era o rei Saul.

> Com essas palavras Davi repreendeu os soldados e não permitiu que atacassem Saul. E este saiu da caverna e seguiu seu caminho. Então Davi saiu da caverna e gritou para Saul: "Ó rei, meu senhor!" Quando Saul olhou para trás, Davi inclinou-se com o rosto em terra, e depois disse: "Por que o rei dá atenção aos que dizem que eu pretendo fazer-lhe mal? Hoje o rei pode ver com seus próprios olhos como o Senhor o entregou em minhas mãos na caverna. Alguns insistiram que eu o matasse, mas eu o poupei, pois disse: 'Não erguerei a mão contra meu senhor, pois ele é o ungido do Senhor'. Olha, meu pai, olha para este pedaço de teu manto em minha mão! Cortei a ponta de teu manto, mas não te matei. Agora entende e reconhece que não sou culpado de fazer-te mal ou de rebelar-me. Não te fiz mal algum, embora estejas à minha procura para tirar-me a vida" (1Samuel 24:7-11).

Saul chorou ao ouvir Davi. Por um instante, seu coração se enterneceu e a névoa escura que ele havia cultivado em sua alma se desfez o suficiente para que Saul visse a verdade: ele reconheceu que sabia que Davi seria rei. Então, Saul fez um pedido. "Portanto, jure-me pelo SENHOR que você não eliminará meus descendentes nem fará meu nome desaparecer da família de meu pai" (1Samuel 24:21).

Davi prometeu a Saul que o atenderia. Essa era uma promessa que ele cumpriria em uma das mais profundas lições de graça que encontramos na Bíblia. Veremos isso no capítulo 9.

Por ora, querida irmã, quero me sentar com você por um instante. Existem áreas que você precisa render a Deus? Existem pessoas que você precisa entregar a ele? Lágrimas amargas foram derramadas porque a vida foi tão injusta com você?

Você está contando a sua história repetidamente porque não houve justiça para você?

Acredite-me; eu a entendo. Quero lhe pedir uma coisa, porém: sente-se silenciosamente por um instante e reflita no sacrifício que Cristo fez por você. O inocente Cordeiro de Deus foi brutalmente torturado e assassinado em um lugar de vergonha, ao lado de criminosos comuns, porque ele a ama muito. Agora, você pode se imaginar ajoelhando-se aos pés daquela cruz, apontando o dedo para outra pessoa? Por mais brutal que a sua história seja, existe Alguém que entende a profundidade da sua dor e do seu sofrimento e se oferece para carregá-los para você. Ele oferece uma linda troca: "Venham a mim, todos os que estão cansados e sobrecarregados, e eu lhes darei descanso. Tomem sobre vocês o meu jugo e aprendam de mim, pois sou manso e humilde de coração, e vocês encontrarão descanso para as suas almas. Pois o meu jugo é suave e o meu fardo é leve" (Mateus 11:28-30).

Descanse aqui por algum tempo. Há cura para a sua alma ferida. Entendo seu profundo anseio por ser compreendida, por defender-se e por consertar os erros, mas esse é um processo exaustivo que apenas prolonga a dor.

Nas semanas, meses e anos que se seguiram ao meu divórcio, muitas pessoas quiseram saber os detalhes de tudo o que havia ocorrido em meu casamento. Decidi não dizer nada. Meu pastor, minha família e meus amigos mais próximos sabiam, e isso bastava para mim. Revistas e jornais entravam em contato comigo, oferecendo-se para que eu contasse a minha versão da história. Como isso é ridículo! Como filhas do Rei, nossa lealdade é devida somente a ele, e devemos descansar à sombra protetora das suas asas. Há uma sede nada saudável em nossa cultura e na Igreja de saber todos os detalhes da dor e da fraqueza de alguém, mas a vida não é um esporte para espectadores. Ela deve ser vivida em vulnerabilidade, verdade e comunidade. É nesse momento que renunciamos ao nosso direito de "estar certos". Percebi que eu não precisava que todos entendessem ou aprovassem. Encontrei alegria em ser amada por Deus!

Quanto a Andrew, quando aquele tiro fatal foi dado, ele entrou imediatamente na presença de Cristo, seu Salvador. Ele havia ansiado por ser livre nesta terra, mas recebeu uma liberdade muito maior, uma liberdade que ninguém poderia tirar. Sua verdadeira vida começou.

Quanto a mim, decidi simplesmente desaparecer por algum tempo. Alguns foram bondosos o suficiente para se oferecerem para trabalhar e ajudar a colocar meu ministério novamente nos eixos, bem como para contradizer quaisquer falsos rumores que estivessem circulando a meu respeito, mas eu disse não. A certa altura eu ansiei por isso, mas quanto mais sondava meu coração, mais claro ficava que não era isso que eu queria. Eu não tenho "direitos" como crente. Sou uma pecadora salva pela graça, chamada para viver uma vida rendida.

Voltei para o seminário, desta vez na Califórnia, no Seminário Fuller. Não queria as mesmas coisas de antes. Eu queria cavar fundo na minha fé e avançar mais fundo para o amor do meu Pai. Quando somos feridas e injustiçadas, podemos lutar, podemos fugir ou podemos nos esconder. Escolhi me esconder! "Aquele que habita no abrigo do Altíssimo encontrará descanso à sombra do Todo-poderoso", Davi escreveu.

pode dizer ao Senhor:
"Tu és o meu refúgio, a minha fortaleza,
o meu Deus em quem confio."
(Salmos 91:2)

Então, eu penso em você, querida irmã. Você está sendo devorada por dentro pela desigualdade brutal da vida? Como Davi, você anseia por explicar: "Eu podia ter ferido você, mas preferi não fazê-lo"? Você está desesperada para contar a sua versão de uma história de dor? Quero que você saiba que Deus é muito mais capaz de lidar com a sua reputação do que você, no tempo dele e do jeito dele. Sentada em minha escrivaninha hoje em Dallas, no Texas, refletindo sobre as últimas décadas e o privilégio de falar a mais de cinco milhões de mulheres, eu me maravilho com a misericórdia e a graça de Deus.

Esta é uma verdade difícil de internalizar, mas você pode apostar sua vida nela: mesmo quando tudo parece um caos, você pode encostar o seu rosto na juba do Leão de Judá e confiar nele. O nosso Deus é soberano.

SEIS

O anseio por aquilo que você pensa que precisa para ser feliz

Penso que todos deveriam ficar ricos e famosos, e fazer tudo o que sempre sonharam fazer, para que possam ver que essa não é a resposta.

— *Jim Carrey*

"Busquem, pois, em primeiro lugar o Reino de Deus e a sua justiça, e todas essas coisas lhes serão acrescentadas."

— *Mateus 6:33*

EU ESTAVA NAVEGANDO ALEATORIAMENTE NA INTERnet certo dia e decidi pesquisar meu último nome no Google. O nome Walsh é raro nos Estados Unidos, onde moro. Mas se um dia você visitar Dublin, na Irlanda, o que eu recomendo enfaticamente, irá encontrar um Walsh em cada esquina. Nos Estados Unidos, porém, o clã Walsh é um grupo pequeno e seleto. E minha pesquisa on-line resultou em uma história interessante sobre um Bill Walsh, um cientista de Illinois.

No ano 2000, ele realizou testes químicos em alguns fios de cabelo do grande compositor alemão Ludwig van Beethoven. O artigo não dizia como ele conseguiu aqueles cabelos; afinal, Beethoven morreu em 1827. Talvez eles tenham sido deixados em herança para ele por sua tia-avó Helga. De qualquer forma, por ocasião da morte de Beethoven, diversos membros da família e amigos haviam retirado mechas de seus cabelos. (Nota para mim mesma: deixar um bilhete para os membros da família dizendo que no evento da minha partida fora de hora, as pessoas portando tesouras deverão ser banidas do velório!)

O que Bill descobriu foi fascinante. Aparentemente o corpo de Beethoven tinha cem vezes mais do que a quantidade normal de chumbo que um ser humano deveria ter. A autópsia original havia revelado danos significativos ao fígado, de modo que se presumiu que ele havia morrido devido ao alto consumo de álcool. Mas Bill Walsh concluiu que é muito mais provável que a morte de Beethoven, aos cinquenta e seis anos, tenha sido resultado de envenenamento por chumbo. Como isso ocorreu é amargamente irônico.

Beethoven tinha uma saúde fraca havia anos, então seu médico havia recomendado que ele passasse tanto tempo quanto possível em um spa de águas minerais. Ele amava a água mineral e os banhos minerais. Mas agora se acredita que ele tenha morrido lentamente de envenenamento por chumbo do mesmo lugar que ele acreditava que lhe traria saúde e cura. Como Beethoven poderia saber que a saúde pela qual tanto ansiava levaria à sua morte?

Infelizmente, muitos dos nossos anseios têm consequências devastadoras semelhantes.

Recebi uma carta anônima há alguns meses. A autora concluía dizendo que se a sua história pudesse ajudar outa mulher, eu tinha a autorização dela para compartilhá-la. Nesse espírito, vou compartilhar um trecho da carta, pedindo apenas que você ore por ela.

> Meu casamento estava com problemas há algum tempo. Meu marido estava sempre ocupado, fazendo horas extras e às vezes trabalhando nos finais de semana. Ele dizia que fazia isso para pagar nossa hipoteca a fim de que pudéssemos ter uma vida um pouco mais fácil no futuro. Ele estava sempre cansado. Raramente fazíamos sexo. Ele mal me beijava. Estou certa de que você pode prever o que virá mais adiante, mas não parecia que algo assim aconteceria. Foi um homem da nossa igreja. Ele também é casado, mas me disse que não amava a esposa. A princípio era apenas um flerte, depois fomos tomar um café após um evento na igreja. Mal podia esperar para vê-lo novamente. Quando ele sugeriu que eu fosse encontrá-lo em um motel, eu sabia o que estava fazendo, mas pensei que estávamos apaixonados. Depois que fizemos sexo algumas vezes disse a ele que o amava. Pensei que ele sentisse o mesmo, mas ele me disse que amava a esposa. Fiquei tão furiosa que liguei para ela e contei tudo. Ela ligou para o meu marido. Perdi tudo. Ele voltou para a esposa, mas meu marido não quer me perdoar. Quero apenas minha vida de volta.[1]

Meu coração dói por essa mulher. O que ela ansiava era ser vista e amada, mas a solução rápida que ela escolheu provou ser catastrófica. Em outros trechos de sua carta, ela relata como costumava ser envolvida nas atividades de sua igreja, mas havia se retirado de alguns dos ministérios desde então. Aquele era um terreno perigoso. Quando nos separamos daqueles que nos lembram de quem somos por dentro e do que é verdade, independentemente do que possamos sentir no momento, esse é exatamente o instante em que o inimigo pode nos assediar e nos derrubar.

Pedro advertiu sobre isso. "Estejam alertas e vigiem. O Diabo, o inimigo de vocês, anda ao redor como leão, rugindo e procurando a quem possa devorar. Resistam-lhe, permanecendo firmes na fé, sabendo que os irmãos que vocês têm em todo o mundo estão passando pelos mesmos sofrimentos" (1Pedro 5:8-9). A palavra grega usada aqui para "devorar" é a mesma palavra usada no hebraico em Jonas 1:7, para descrever o grande peixe que "engoliu" Jonas inteiro. O inimigo quer nos comer. Quando nos separamos da nossa tribo, do nosso povo, simplesmente tornamos o trabalho dele muito mais fácil. O isolamento pessoal é uma das lições mais trágicas da vida do rei Davi. No momento em que ele deveria estar no ápice de sua força, as paixões sexuais de Davi o levaram por um caminho de destruição. Suas escolhas também destruíram a vida de outros, porque o pecado é um caminho que poucos de nós trilhamos sozinhos.

"Na primavera, época em que os reis saíam para a guerra, Davi enviou para a batalha Joabe com seus oficiais e todo o exército de Israel; e eles derrotaram os amonitas e cercaram Rabá. Mas Davi permaneceu em Jerusalém" (2Samuel 11:1). O texto bíblico diz, claramente visando provar um ponto de vista, que "na época em que os reis saíam para a guerra", seguido de "Davi permaneceu em Jerusalém". Esse é um Davi diferente do menino que perseguiu Golias. Davi era o grande rei guerreiro. O povo o aclamava como matador de dez milhares. Então, o que aconteceu? Seja o que for, a letargia não aconteceu da noite para o dia. Raramente é assim que acontece com o pecado.

Tiago nos lembra de como o pecado se esgueira lentamente, e quanto mais espaço damos a ele, mais espaço ele exige. "Quando alguém for tentado, jamais deverá dizer: 'Estou sendo tentado por Deus'. Pois Deus não pode ser tentado pelo mal, e a ninguém tenta. Cada um, porém, é tentado pelo próprio mau desejo, sendo por este arrastado e seduzido. Então esse desejo, tendo concebido, dá à luz o pecado, e o pecado, após ter se consumado, gera a morte" (Tiago 1:13-15).

Mas nós saltamos uma grande parte na história de Davi, portanto, vamos voltar um pouco.

Davi tinha cerca de dezessete anos quando Samuel o ungiu. Por um breve tempo, o menino voltou a cuidar de seu rebanho. Então veio o momento decisivo, quando ele matou Golias e foi para o palácio do rei Saul. Como você se lembra, aqueles dias de glória tiveram vida curta. Logo Davi teria de fugir para salvar sua vida. Ele fugiu por treze anos antes que Saul morresse. Treze anos é muito tempo para se perguntar quando Deus vai intervir e fazer o que prometeu. Treze anos como um proscrito, sem casa, constantemente olhando para trás porque ele era um homem marcado.

Davi finalmente recebeu a notícia de que o rei Saul havia morrido. Em um final trágico para a sua vida, ele havia se lançado sobre a sua própria espada. Agora parecia que o caminho estava finalmente livre para Davi reivindicar o trono de Israel.

Mas Davi não marchou imediatamente para Jerusalém. Aqueles anos passados em lugares escuros e solitários, em uma terra estrangeira, haviam aprofundado ainda mais seu relacionamento com Deus e sintonizado seu coração e ouvidos para ouvir a voz do Senhor. Em vez disso, Davi perguntou a Deus o que fazer.

"Devo ir para uma das cidades de Judá?"
O SENHOR respondeu que sim,
e Davi perguntou para qual delas.
"Para Hebrom", respondeu o SENHOR.
(2Samuel 2:1)

Então Davi e seus homens foram para Hebrom, cerca de trinta e dois quilômetros ao sul de Jerusalém. Durante sete anos e meio, ele permaneceu ali com um reinado limitado a Judá. Davi estava contente em ficar onde Deus havia lhe dito para ficar, por tanto tempo quanto fosse preciso.

Finalmente todos os anciãos de Israel foram a Davi em Hebrom e o fizeram rei sobre toda Israel. Preste atenção nisto: foram vinte anos desde a promessa até o cumprimento.

Quando Davi se tornou rei, tudo floresceu sob a sua liderança. Ele expandiu os limites de Israel dez vezes mais, de dez mil quilômetros para cem mil quilômetros de área. Finalmente o povo via o cumprimento da promessa do Senhor a Abrãao, quando ele disse: "Aos seus descendentes dei esta terra, desde o ribeiro do Egito até o grande rio, o Eufrates" (Gênesis 15:18).

Davi abriu novas estradas comerciais, levando Israel a ser mais próspera do que jamais havia sido. Mas prosperidade não era o bastante para Davi, porque quando você dá rédeas soltas aos seus desejos, eles nunca serão suficientes. Pergunte a qualquer mulher que se tornou viciada em compras. Tudo começa inocentemente. "Só mais um par de sapatos". Depois, as coisas podem sair tanto do controle que levam a todo tipo de engano e fingimento. Pergunte a alguém que perdeu o controle sobre o quanto come. Tudo começou com uma simples escolha diária, mas se transformou em um vício alimentar. Peça a qualquer homem que ficou viciado em pornografia para relatar sua trajetória; ele lhe dirá que nunca imaginou que ficaria viciado. Para todos eles, tudo começou com a primeira exposição, depois veio o vício, e finalmente, o agravamento, quando eles precisavam de cada vez mais para gerar a mesma sensação que sentiam quando começaram. O mesmo acontece com todos os tipos de apetites sem restrições.

Davi pode ter ficado contente em esperar em Deus durante aqueles sete anos e meio em Hebrom, mas também fez algumas escolhas ruins. Ele tomou mais cinco esposas além da primeira. Davi era um homem apaixonado. Essa era a sua força, mas também foi o seu calcanhar de Aquiles. Quando Davi acrescentou a única coisa que ele acreditava que precisava para torná-lo feliz — uma mulher — isso levou ao desastre.

Sendo o rei em Jerusalém, ele acrescentou mais mulheres ao seu círculo. Suas inúmeras esposas e concubinas geraram vinte filhos e uma filha. Será que Davi se esqueceu das instruções de Moisés, ou simplesmente pensou que estava acima delas?

Quando os israelitas finalmente alcançaram a terra prometida após a saída do Egito, Moisés havia lhes dito: "Se quando entrarem na terra que o SENHOR, o seu Deus, lhes dá, tiverem tomado posse dela, e nela tiverem se estabelecido, vocês disserem: 'Queremos um rei que nos governe, como têm todas as nações vizinhas', tenham o cuidado de nomear o rei que o SENHOR, o seu Deus, escolher [...] ele [o rei] não deverá tomar para si muitas mulheres; se o fizer, elas desviarão o seu coração" (Deuteronômio 17:14-15,17).

O rei não deve tomar muitas esposas para si, porque elas podem desviar seu coração do Senhor. A ordem não é ambígua, é? Ela é bastante direta. Talvez se Davi tivesse entregado todo seu coração a uma mulher, ele não tivesse sido tentado naquele dia quando decidiu ficar em casa e não ir à guerra. Talvez, se ele tivesse amado essa mulher e seus filhos, sua casa não tivesse sido um lugar no qual a rebelião se instalou. Davi foi o maior rei que Israel jamais teria, mas a Palavra de Deus relata que ele fracassou em seu papel como marido e pai. Nos anos que viriam, todos os problemas de Davi seriam resultado direto de, primeiro, tomar a mulher de outro homem, e segundo, de seus filhos rebeldes e indisciplinados.

Vamos avançar um pouco. Davi governou em Hebrom por aproximadamente oito anos. Ele havia reinado como rei em toda Israel por quase treze anos quando chegamos a 2Samuel 11. Nesse momento, ele tinha cerca de cinquenta anos.

O cenário: um tempo de paz para Israel. Isso deve ter sido algo bom. Israel havia lutado muitas batalhas e conquistado vastos territórios. Davi era um guerreiro, mas mesmo com seus inimigos antigos, os filisteus, espreitando-os nas proximidades, eles haviam tido paz por algum tempo. Agora, Davi tinha um tempo ocioso nas mãos.

Às vezes, quando não estamos nos movendo ativamente em nosso dom, ficamos inquietos. Davi estava assim. Sentado em seu magnífico palácio, Davi começou a sentir-se incomodado por viver em um palácio, enquanto a Arca do Senhor estava em uma tenda. Ele convocou o profeta Natã e disse a ele que pretendia construir um templo para o Senhor. O profeta lhe disse para seguir com o projeto, pois Deus era com ele. Mas naquela noite Deus falou com Natã e lhe disse para transmitir a Davi a notícia de que ele não seria o homem que construiria o templo. Deus havia escolhido outro.

Para Davi, o não de Deus não era uma questão de pecado; era uma questão de chamado. Davi era um grande rei guerreiro. A guerra era a sua força. Mas por causa da violência da guerra, ele não teria permissão para construir o templo. Em 1Crônicas 28:2-3, ele relata: "O rei Davi se pôs em pé e disse: '(...) Eu tinha no coração o propósito de construir um templo para nele colocar a arca da aliança do Senhor, o estrado dos pés de nosso Deus; fiz planos para construí-lo, mas Deus me disse: 'Você não construirá um templo em honra ao meu nome, pois você é um guerreiro e matou muita gente'". Foi-lhe dito que seu filho seria aquele que construiria a casa de Deus.

Então Davi aceitou a vontade de Deus, mas parece ter perdido a visão do seu verdadeiro chamado. Quando chegou a hora de ir à batalha, ele enviou Joabe para lutar em seu lugar enquanto ele voltava para a cama. Se Davi tivesse realizado o que era chamado e equipado como ninguém para fazer, ele nunca estaria no terraço naquela noite, observando a mulher de outro homem enquanto ela se banhava. Aquele Davi que passamos a conhecer e amar estaria liderando o ataque na guerra, alimentado por sua paixão por Deus e seu ódio pelos inimigos do Senhor. Davi nunca recusou ir à batalha enquanto seu inimigo, Saul, o caçava. Enquanto alguém o caçava como um animal selvagem, o caráter de Davi permaneceu imaculado e sua paixão era feroz.

Mas aquele mesmo coração perdeu os limites. Davi se desviou. E há uma diferença entre fazer um intervalo para se recuperar e recarregar as energias e começar a se desviar descuidadamente.

Como o orador irlandês Edmund Burke supostamente escreveu: "Tudo o que é necessário para que o mal triunfe é que os homens bons não façam nada".

Davi não estava procurando o mal; ele simplesmente não estava vivendo na posição em que deveria estar. Aquelas horas vazias e desprotegidas deram lugar ao mal, que apresentou sua proposta sedutora na forma de uma mulher se banhando.

Entrevistei o dr. Billy Graham em sua casa em Montreat, na Carolina do Norte, em seu septuagésimo aniversário. Uma das perguntas que fiz foi se ele tinha planos de se aposentar. Com seu olhar de aço característico, ele disse: "Não consigo encontrar nenhum precedente bíblico para a aposentadoria. Farei o que Deus me chamou para fazer até que ele me chame para voltar para casa".

Não fazer nada é perigoso para nossa vida espiritual. Se não estivermos promovendo o Reino de Deus, estamos nos retirando para dentro de nós mesmos. Podemos descansar por algum tempo e permitir que tudo o que Deus depositou em nós crie raízes, mas quando negligenciamos nosso propósito espiritual continuamente, damos livre acesso às ervas daninhas que acabam sufocando as boas sementes.

Esse é o mesmo princípio que opera nos relacionamentos. Se você ignorá-los, eles sofrem. Ouvi muitas mulheres falarem sobre o quanto o casamento é difícil quando os filhos vão embora para a faculdade. De repente, estão ali somente o marido e a mulher olhando um para o outro diante da caixa de cereais. Aquilo a que dedicamos tempo e atenção florescerá, enquanto o que ignoramos sofre.

Há uma grande lição na seguinte história de um autor desconhecido. Ela se chama "A Águia e o Lobo":

Há uma grande batalha travada dentro de mim.

De um lado há uma águia voando. Tudo o que a águia representa é bom, verdadeiro e belo. Ela voa acima das nuvens. Embora mergulhe no interior dos vales, ela coloca seus ovos no topo das montanhas.

O outro lado de mim é um lobo que uiva. Esse lobo enfurecido e uivante representa o pior que há em mim. Ele se alimenta das minhas quedas e se justifica pela sua presença na alcateia.

Quem vence a grande batalha?

Aquele a quem alimento.[2]

Em seu estudo sobre a vida do rei Davi, Chuck Swindoll escreveu:

Davi, sendo um homem com forte apetite sexual, pensou erroneamente: *Para satisfazê-lo terei de ter mais mulheres.* Assim, quando se tornou rei, ele acrescentou mulheres ao harém, mas seu ímpeto apenas aumentou. Uma das mentiras da nossa sociedade secular é que se você satisfizer um impulso, ele será aplacado".[3]

Davi estava entediado, inquieto e cansado de não fazer nada.

Uma tarde Davi levantou-se da cama e foi passear pelo terraço do palácio. Do terraço viu uma mulher muito bonita tomando banho, e mandou alguém procurar saber quem era. Disseram-lhe: "É Bate-Seba, filha de Eliã e mulher de Urias, o hitita". Davi mandou que a trouxessem, e se deitou com ela (2Samuel 11:2-4).

O mais chocante nessa passagem é o quanto foi fácil cair em pecado. Esse é o detalhe do pecado. Quando você está com a guarda baixa, o impensável se torna possível. Davi era um homem de Deus, um homem que vez após vez havia se recusado a se desviar do plano de Deus para sua vida, por mais que isso exigisse sacrifícios pessoais. Ele havia passado anos em cavernas e campos, com fome e às vezes totalmente só, mas mesmo diante e tudo isso havia permanecido fiel. Agora, porém, as coisas em sua vida eram fáceis. Não havia nenhum inimigo perceptível, então seu verdadeiro inimigo apareceu.

Em seu livro *Tentação*, o pastor alemão Dietrich Bonhoeffer escreveu que quando algum de nós enfrenta a tentação, quer seja ela sexual, a ambição, a vaidade ou o desejo de vingança, "nesse momento Deus é bastante irreal para nós. Satanás não nos enche nesse momento de ódio por Deus, mas de esquecimento dele".[4] Vemos esse esquecimento aqui, quando Davi envia um servo para descobrir sobre a bela mulher no telhado.

Observe a advertência silenciosamente velada no relato trazido a Davi: "Ela é Bate-Seba, filha de Eliã e mulher de Urias, o hitita". Naqueles dias, quando você perguntava por alguém, as pessoas lhe diziam o nome da pessoa e o nome de seu pai, às vezes até o nome do avô da pessoa, mas nunca o nome do cônjuge. Mas o servo a quem Davi perguntou sobre essa mulher conhecia seu senhor muito bem, por isso tentou adverti-lo.

Urias não era simplesmente um soldado do exército de Davi. Ele era um dos "Trinta", um esquadrão de elite, os melhores dos melhores em termos militares (ver 2Samuel 23:8-39). Às vezes eles serviam como guarda-costas do rei. Davi conhecia e dependia desse homem leal, mas isso não o fez parar com seu plano. Naquele momento, tudo o que ele sabia era isto: ele queria Bate-Seba, então a tomou.

Há uma profunda advertência para nós aqui. É fácil ficarmos sentados no conforto de nossas vidas e pensar: *Bem, eu nunca faria isso!* Creio que cada um de nós é capaz de cometer o pecado mais descarado dada as circunstâncias adequadas. A única coisa que nos salvará em um momento como esse é dar a meia volta e fugir dele com tudo o que há em nós. Não ande. Corra!

"Fujam da imoralidade sexual. Todos os outros pecados que alguém comete, fora do corpo os comete; mas quem peca sexualmente, peca contra o seu próprio corpo" (1Coríntios 6:18).

O inimigo nunca nos conta toda a história quando nos vemos diante da tentação mais sedutora, apenas nos seduz o suficiente para nos fisgar. Ele não disse à minha amiga que escreveu a carta anônima que sua vida inteira desmoronaria porque o amante dela voltaria para a esposa. E ele não disse a Davi que, em um piscar de olhos, Bate-Seba mandaria um recado dizendo que estava grávida.

Muitas vezes o que pensamos que nos fará felizes não trará nada a não ser sofrimento. À luz do sofrimento iminente, o que Davi faria?

Ele tinha duas opções: podia assumir o que havia feito, cair sobre seu rosto diante de Deus pedindo perdão e confessar seu pecado a Urias, pedindo a ele que o perdoasse pelo seu erro de uma noite.

Ou ele podia encobrir o adultério.

Essa foi a opção que Davi escolheu. E daquele momento em diante, a vida só pioraria. Por quê? Porque o pânico é péssimo em tomar decisões.

Davi não pensou duas vezes sobre dormir com Bate-Seba. Mas quando soube que ela estava grávida, ele não tinha nenhum desejo de ser apanhado, então mandou buscar Urias. O plano de Davi era trazer Urias de volta para casa da batalha por uma noite, prevendo que ele dormiria com sua esposa e depois presumiria que o filho era dele. Mas Davi subestimou Urias. Aquele não era um soldado comum ou um homem qualquer. Ele havia servido a Davi desde os primeiros dias quando Davi fugia de Saul. Embora ele fosse um hitita de nascimento, seus pais provavelmente haviam se convertido ao judaísmo, uma vez que o nome Urias significava "Minha luz é o Senhor".

Urias ainda se considerava em posição de batalha, de forma que ele se recusou a ir para casa. Em vez disso, ele dormiu à porta da casa do rei Davi com os servos. Quando Davi questionou-o na manhã seguinte, Urias respondeu: "A arca e os homens de Israel e de Judá repousam em tendas; o meu senhor Joabe e os seus soldados estão acampados ao ar livre. Como poderia eu ir para casa para comer, beber e deitar-me com minha mulher? Juro por teu nome e por tua vida que não farei uma coisa dessas!" (2Samuel 11:11).

Davi podia ter roubado a mulher de Urias, mas não podia simplesmente manipular o coração dele.

Desse ponto em diante, a história faz uma curva escura e sombria. Percebendo que não poderia dobrar aquele homem temente a Deus à sua vontade, Davi decidiu matá-lo. Ele enviou Urias de volta à batalha com um bilhete para Joabe, o comandante do exército de Israel. "Ponha Urias na linha de frente e deixe-o onde o combate estiver mais violento, para que seja ferido e morra" (2Samuel 11:15).

Ele fez Urias carregar a própria sentença de morte.

O que Davi não sabia era que ele havia acabado de entregar a Joabe a munição perfeita para uma chantagem. Ele viveria para lamentar essa trama de assassinato por muitas razões. Joabe era apenas uma delas.

O plano de Davi funcionou. Então, ele conseguiu o que pensava que precisava para fazê-lo feliz. Ele foi atrás do que ansiava ter: Bate-Seba. E agora, com Urias morto, ele poderia tê-la de forma livre e desimpedida, e ninguém seria mais sensato que ele.

Pense nisso por um instante. O que Davi fez, além de ser mau, não fazia sentido. Se Urias tivesse voltado da batalha e descoberto que sua mulher estava grávida, por que teria suspeitado de Davi? Quando entramos em pânico e tentamos encobrir os nossos passos, nós nos abrimos para pensamentos insanos. Dizer a verdade nua e crua quando pecamos deliberadamente é difícil, mas é muito melhor do que o muro de mentiras que construímos para tentar nos esconder. Por quê? Porque esses muros sempre caem em cima de nós. Pensamos erroneamente que a verdade nos destruirá. Ela pode nos ferir no curto prazo, mas não nos destruirá. A mentira é o território do inimigo.

1992

Sentei-me de frente para o meu marido em um pequeno café com vista para o mar em Virginia Beach. Eu estava fora do hospital psiquiátrico havia algumas semanas e me sentia muito fragilizada. Percebi claramente que ele estava dividido, em dúvida se deveria me dizer algumas coisas ou não. Um pastor amigo disse que ele deveria, enquanto seu melhor amigo lhe disse que não. Ele finalmente confessou um relacionamento passado.

Perguntei-lhe se ele havia se apaixonado por essa mulher.

— É claro que não! — ele respondeu.

— Então, por quê?

— Ela estava ali.

Lembro-me que ela aparecera em nossa porta uma noite, bêbada, gritando com ele. Ele a pegou pelo braço e a levou para o lado de fora, dizendo-me para ficar dentro de casa. Então ele a levou para casa. Quando perguntei o que estava acontecendo, na época ele descartou o assunto. Agora ele me dizia que ela o estava ajudando a comercializar um de seus artistas. Mas ela estava descontrolada.

— Eu lhe pedi para me contar a verdade anos atrás — eu disse. — Você me disse que eu era louca por lhe perguntar sobre ela. Achei que eu pudesse ser mesmo.

Anos de mentiras e negação haviam construído um muro de mil metros de altura. As lágrimas desciam pelo meu rosto e pingavam sobre o meu sanduíche comido pela metade. Foi um dia desesperadamente triste para nós dois.

Quando você tenta encobrir seu pecado, está confiando em sua própria capacidade de livrar-se dele. Quando, em vez disso, você se lança na misericórdia de Deus, está contando com ele para redimi-lo. Se eu tivesse sabido a verdade anos antes, isso teria prejudicado nosso relacionamento? Sim. Mas talvez, pela graça de Deus, poderíamos ter procurado ajuda. Ambos precisávamos desesperadamente de socorro. É fácil olhar para uma pessoa em um casamento falido e atribuir a ela a culpa, mas essa nunca é uma imagem precisa da realidade.

Nos anos que se seguiram ao nosso divórcio, descobri que há uma escala de justiça distribuída por algumas pessoas na igreja que se baseia unicamente em uma pergunta: "Você tinha base bíblica para o divórcio?" Em outras palavras, foi você quem pecou ou ele?

Não me entenda mal aqui. Sei que a Palavra de Deus é clara quanto ao pecado sexual e a consequência do sexo fora do casamento, mas se esse é o único versículo que colocamos na mesa para resolver o assunto, perdemos a essência do Evangelho. O tema que percorre a Bíblia, de Gênesis a Apocalipse, é a natureza caída e pecaminosa dos homens e mulheres e a misericórdia redentora de Deus. Foi por isso que durante vinte anos eu me recusei a falar em público sobre meu primeiro casamento. Seria fácil demais me fazer parecer certa e John errado. Porém, Deus sabe que houve muitas maneiras pelas quais eu falhei em ser a esposa que ele ansiava ter.

Lembro-me do instante em que ouvi que o nosso divórcio era definitivo. Eu estava em uma conferência em Anaheim, na Califórnia, quando recebi uma mensagem dizendo para ligar para o advogado da nossa igreja, que estava fazendo a mediação.

— Terminou, Sheila. Você está livre — ele disse.

Subi as escadas até o meu quarto no segundo andar do hotel. Cheguei ao banheiro bem na hora. Vomitei sem parar até não haver mais nada em mim a não ser a bile amarga da tristeza. Eu lutara contra todos os que me amavam para me casar com aquele homem, acreditando que essa era a única coisa que eu precisava para me fazer feliz, para me curar e para curá-lo também, e agora ambos estávamos mais feridos do que quando começamos.

Talvez você esteja nessa situação agora. O que fazer quando aquilo que você ansiava porque pensou que a faria feliz se volta contra você como uma serpente cheia de veneno? Você pensa que sua vida terminou? Você arruinou o plano de Deus?

Longe disso.

Davi estava prestes a ser confrontado pelo profeta Natã para ter seu pecado exposto, cortado e aberto, como se extirpa uma ferida infectada para que a cura aconteça.

Cristo nos encontra em nosso pecado, mas ele nunca nos deixa nele. Pedro, um dos amigos mais próximos de Jesus, traiu-o quando Jesus mais precisou dele. Isso não mudou o papel que Cristo havia escolhido para Pedro. Em vez disso, o pecado de Pedro e a graça e o perdão que recebeu o transformaram. "Arrependam-se, pois, e voltem-se para Deus, para que os seus pecados sejam cancelados, para que venham tempos de descanso da parte do Senhor, e ele mande o Cristo, o qual lhes foi designado, Jesus" (Atos 3:19-20).

Essa é a nossa gloriosa esperança.

Isso me faz pensar em Miranda (o nome foi mudado para proteger sua privacidade). Na primeira vez que a encontrei, ela me disse:

— Um dia muito em breve estarei naquele palco com você!

Eu disse a ela que iria abrir espaço e esperar por ela. Mas na vez seguinte que nos encontramos, havia um olhar diferente em seus olhos e um peso sobre seus ombros. Eu tinha trinta minutos antes da minha próxima sessão de ensino, então a convidei para voltar à sala verde comigo para uma rápida xícara de café. (As salas verdes são um lugar no qual as pessoas se reúnem antes de subirem em uma plataforma — e elas nunca são verdes!)

Perguntei a ela o que havia lhe acontecido.

— Tudo o que sempre quis foi subir em uma plataforma — ela me disse. — Quero fazer o que você faz. Quero contar a minha história para ensinar e ajudar outras mulheres a se aproximarem mais de Deus. Eu sabia que isso me faria feliz, que daria à minha vida um propósito real. Apenas estava demorando demais, então eu me convenci de que essa demora era o inimigo tentando me impedir de ser obediente. Assim, dei um passo de fé. Fui a uma conferência que estava sendo realizada em uma cidade próxima à minha e sentei-me tão perto do palco quanto possível. Eu conhecia a mulher que estava dirigindo a conferência, então perguntei a ela se seria possível eu ter dez minutos para compartilhar um testemunho da bondade de Deus. A princípio ela não pareceu muito segura de que seria uma boa ideia, mas depois disse que eu poderia ter cinco minutos, já que eles tinham um programa fechado.

— Foi um desastre — ela confessou. — Contei minha história repetidas vezes em meu quarto diante do espelho, mas quando me levantei diante de todas aquelas mulheres, simplesmente congelei. Então comecei a chorar. Foi terrível. Finalmente a mestra de cerimônias subiu e ficou ao meu lado e pediu que todas as mulheres orassem por mim, e alguém me acompanhou para fora do palco. Eu me senti uma tola.

Ela colocou a cabeça entre as mãos e chorou enquanto eu me ajoelhava ao lado dela.

— Miranda — eu disse — talvez você tenha perdido o momento certo. Quando Deus coloca um desejo em nosso coração, precisamos confiar nele em relação ao "quando". Se Deus tem algo para você, isso nunca chegará tarde demais ou cedo demais, apenas na hora certa. Talvez um dia você compartilhe o que acaba de me contar e poderá rir disso. Mas se isso nunca acontecer, a verdadeira alegria, paz e realização vêm de ser amada por Deus.

Talvez você esteja em um momento no qual diz: "Ah, se tão somente...". *Se eu tão somente pudesse ter isto, ser amada por essa pessoa, receber esta oportunidade, então eu seria feliz.* Mas os anseios que temos no mais profundo do nosso ser nunca são satisfeitos em longo prazo por aquela única coisa que pensamos que necessitamos. O verdadeiro contentamento e descanso vêm de Cristo.

Só ele pode preencher os anseios mais profundos do nosso coração.

SETE

O anseio por fazer tudo certo

Mas com o frescor da manhã veio o arrependimento.[1]

— *Sir Walter Scott, Rob Roy*

Enquanto eu mantinha escondidos os meus pecados,
o meu corpo definhava de tanto gemer.
Pois dia e noite a tua mão pesava sobre mim;
minhas forças foram-se esgotando
como em tempo de seca.

— *Salmos 32:3-4*

ENTÃO... EIS UMA DAS GRANDES QUESTÕES DA VIDA:

Você é uma pessoa que ama os gatos ou os cachorros?

Você tem permissão para amar os dois, é claro, mas geralmente a verdadeira lealdade do seu coração estará ligada a um dos dois grupos de peludos.

Sou uma pessoa que decididamente ama os cães. Mas gosto de gatos — tive vários deles ao longo da minha vida — mas os cães e eu, bem... Nós simplesmente nos entendemos. Meu pai me deu meu primeiro cão quando eu tinha quatro anos. Era uma Basset preta e marrom chamada Heidi. Ela fazia pipi todas as vezes que alguém tocava a nossa campainha, uma característica que eu achava muito divertida quando criança. Infelizmente, quando as repercussões da lesão cerebral do meu pai ficaram mais graves, mamãe levou Heidi de volta para a fazenda onde ela nasceu. Simplesmente era trabalho demais para ela com três filhos pequenos também ter de cuidar de um cão.

Não tive outro cão até me mudar para os Estados Unidos. Então tive um terrier branco west highland chamado Charlie. Depois tive outro da mesma raça, chamado... Charlie. (Às vezes tenho a criatividade de um saquinho de chá usado.)

Agora temos três cães. Se você me segue no Twitter ou no Instagram, tenho certeza de que está cansado de saber disso. Belle e Tink são bichons frisés, e Maggie é uma torkie.

Pegamos a Belle quando Christian tinha seis anos. Ela é uma cadela muito doce. Sua única característica negativa é que ela acha que todos na televisão estão realmente em nossa casa e se sente na obrigação de cumprimentá-los. Ela tem uma vida exaustiva.

Tink tem oito anos e, por favor, não me julgue, mas ela é de Paris, França. Descobri que uma mulher na Pensilvânia viaja duas vezes por ano até um criador de animais em Paris e traz filhotes de bichons frisés franceses para os Estados Unidos, então foi assim que ficamos com Tink, e sim, ela tem o seu próprio passaporte, *u-la-la*. Nós a compramos quando tínhamos mais dinheiro do que bom senso. Essa situação agora mudou, mas vou contar-lhe sobre isso mais tarde. Entendo que estou prestes a descer ao nível dos estereótipos nacionais, mas Tink é muito francesa! Ela é extremamente exigente com sua comida e não deixará que você a acaricie se ela não estiver de bom humor. E ela raramente está de bom humor.

Então compramos a Maggie!

Você pode ser tentada a perguntar: "Por que você comprou outro cão?"

Porque minha vida estava loucamente ocupada e pensei que um filhote que late muito iria ajudar!

Sinto muito, pessoal... Isso é tudo o que tenho!

Quando compramos Maggie, o criador recomendou que a treinássemos para dormir em uma casinha. Olhando para trás agora, acho que teria sido uma ideia brilhante, mas tive dificuldade em colocá-la em um local fechado quando as outras duas dormiam em nossa cama. Na maior parte das vezes Maggie se lembra de que a nossa casa não é um banheiro gigante, mas de vez em quando ela some e volta parecendo estar aliviada.

No começo da primavera de 2015, colocamos nossa casa à venda. Christian estava prestes a se formar e queríamos reduzir os custos. Nossa corretora nos deu algumas ideias para tornar a casa mais atraente. A maior parte do primeiro andar da casa é forrada por um assoalhado de madeira, mas ela recomentou que mandássemos limpar o carpete do nosso quarto, então contratei uma empresa local para cuidar disso.

Quando o funcionário da empresa de limpeza de carpetes chegou e viu que tínhamos cães, ele sugeriu que fizéssemos um procedimento especial para cuidar das manchas dos animais. Garanti a ele que nossas cadelas se comportavam como senhoritas e que eu não achava que isso seria necessário. Ele olhou para mim com uma mistura de piedade e autoridade. Foi quando ele sacou uma pistola enorme!

— O que é isso? — perguntei.

— Madame, isto é um Detector de Urina com Lanterna de Luz Negra UV — ele respondeu com o peso de alguém que estava expondo uma arma de destruição em massa.

Coloquei os cães na lavanderia e levei-o até o nosso quarto.

— Afaste-se, madame. Isso não vai ser bonito! Apague as luzes!

Não tenho palavras! O carpete do nosso quarto se acendeu como se fosse uma árvore de Natal.

— Eu tenho vivido nisto! — eu disse. — Tenho vivido em um esgoto!

— É por isso que estou aqui, madame. Fui treinado para lidar com isto.

Até ele acender aquela luz negra sobre o nosso carpete, que fazia os cristais de urina se acenderem, eu não fazia ideia de que eles estavam ali. A luz tem o hábito de revelar o que estava escondido. Se você permanecer nela por tempo suficiente, verá além do que está imediatamente aparente, em uma história muito maior.

Quando criança, meu filho era muito transparente em suas emoções. Se ele estivesse tendo um dia bom, isso era visto em seu rosto claramente. Em um dia mau, do mesmo modo, eu podia ouvir os alertas de um tornado emocional a um quilômetro de distância.

Uma tarde, eu estava pegando as crianças da vizinhança na escola, na época do Ensino Médio, sentada no carro esperando um dos meninos aparecer. Quando vi meu filho e a cor das nuvens de tempestade que se acumulavam acima de nós, soube que alguma coisa estava muito errada. Ele entrou na parte de trás do carro, se encolheu e fomos embora. Pude ver que ele estivera chorando. Foi uma viagem silenciosa até nossa casa.

Quando chegamos em casa, estacionei na garagem e ele imediatamente saiu do carro, subiu as escadas correndo e fechou a porta do quarto.

Dei a ele alguns minutos antes de subir com uma xícara de chocolate quente.

— Você quer conversar? — perguntei. Ele estava deitado na cama, aparentemente sofrendo, então coloquei o chocolate quente na mesa de cabeceira, sentei-me ao lado dele, e coloquei-o nos meus braços. — O que for que esteja acontecendo de errado, querido, deixe-me carregar junto com você — eu disse.

A história foi aparecendo. Ele e dois de seus amigos haviam enfiado toalhas de papel em um dos vasos sanitários da escola para fazê-lo transbordar e inundar todo o chão do banheiro. Não estavam fumando atrás do galpão das bicicletas, mas foi o suficiente para que ele fosse enviado para a sala do diretor. Ele nunca havia estado ali antes. O diretor, depois de um sermão severo, disse aos meninos que eles teriam de ajudar o zelador da escola em todos os intervalos na semana seguinte.

— O que está deixando você mais chateado? — perguntei.

— Bem, eu lamento ter feito isso. Mas lamento mais por ter sido apanhado! — ele disse.

Isso me lembrou de uma história que ouvi sobre um homem que fraudou o Imposto de Renda, então ele escreveu à Receita Federal: "Não tenho conseguido dormir ultimamente porque deliberadamente fraudei a minha declaração de rendimentos. Estou anexando um cheque de cento e cinquenta dólares, mas se eu continuar sem conseguir dormir, enviarei o restante". Isso não é sentir culpa de verdade; é apenas desconforto e inconveniência.

Durante os três dias seguintes, Christian e seus amigos se apresentaram nos intervalos do recreio para ajudar o zelador. No quarto dia, soube que alguma coisa havia saído errado. Novamente fomos para casa em silêncio, mas dessa vez ele entrou na caverna e ficou sentado com o rosto entre as mãos, com grandes lágrimas descendo por entre seus dedos. Sentei-me ao lado dele, com o braço ao redor dos seus ombros até ele conseguir falar.

— Mãe, sinto-me tão mal — ele começou. — O zelador é um homem tão legal, e o que eu fiz deu muito trabalho a ele.

— Você pediu a ele que o perdoasse? — perguntei.

— Sim, e ele me perdoou. Mas lamento porque o que eu fiz fez mal a ele.

Dessa vez o que Christian sentiu não foi a inconveniência de ser apanhado; foi o entendimento de que sua atitude havia afetado a vida de outra pessoa.

O rei Davi estava prestes a experimentar essa mesma realidade e iluminação. No fim das contas, a luz levaria à cura, mas primeiro a uma dor desesperada. Davi era um rei poderoso, e seus atos foram cometidos em grande parte em segredo. Algumas pessoas sabiam, mas elas não iam dizer nada por causa da intimidação. Quem quer contradizer o rei? Parecia que Davi havia se safado do adultério e do assassinato. Isto é, até você olhar o fim da história em 2Samuel 11, quando a notícia da morte de Urias foi levada ao rei.

> O mensageiro partiu e, ao chegar, contou a Davi tudo o que Joabe lhe havia mandado falar, dizendo: "Eles nos sobrepujaram e saíram contra nós em campo aberto, mas nós os fizemos retroceder para a porta da cidade. Então os flecheiros atiraram do alto da muralha contra os teus servos, e mataram alguns deles. E morreu também o teu servo Urias, o hitita".
>
> Davi mandou o mensageiro dizer a Joabe: "Não fique preocupado com isso, pois a espada não escolhe a quem devorar. Reforce o ataque à cidade até destruí-la". E ainda insistiu com o mensageiro que encorajasse Joabe.
>
> Quando a mulher de Urias soube que o seu marido havia morrido, chorou por ele. Passado o luto, Davi mandou que a trouxessem para o palácio; ela se tornou sua mulher e teve um filho dele. Mas o que Davi fez desagradou ao Senhor. (vv. 22-27).

Quanta frieza! Urias era um amigo de confiança que ofereceu sua vida voluntariamente a cada dia para defender seu rei. Agora ele estava reduzido, esmagado em meio à multidão anônima, com sua morte justificada pelo simples fato de que "a espada não escolhe a quem devorar". Dizer a Joabe para não ficar preocupado? Joabe estava enojado porque sabia o papel que havia feito no assassinato desse homem inocente e nobre. O pecado de Davi havia obscurecido quem ele era. Esse não era aquele que um dia havia se sentado sob as estrelas, louvando a Deus e pedindo a proteção divina nos lugares escuros e solitários. Esse rei era um homem mentiroso brincando de controlar os danos em sua vida e nas vidas de outros. Mas o que estava realmente acontecendo dentro do seu coração? Às vezes quanto mais alto falamos, mais problemas temos.

Há uma lei irrefutável no universo: "Não se deixem enganar: de Deus não se zomba. Pois o que o homem semear, isso também colherá" (Gálatas 6:7).

Um dia, tive uma conversa com uma jovem em minha cafeteria local favorita. Ela perguntou se podia juntar-se a mim por alguns minutos porque tinha uma pergunta para a qual ninguém em sua família tinha resposta. Sentamo-nos em uma pequena mesa circular junto à janela e ela começou a despejar a confusão que a cercava.

Recentemente havia sido revelada a notícia de que seu pastor se envolvera em um caso extraconjugal por mais de um ano. "O que eu não entendo", ela disse, "é que nos últimos meses ouvimos alguns dos seus melhores sermões. Como isso pode ser possível quando ele estava vivendo uma mentira?".

Essa é uma pergunta difícil de responder. Só Deus sabe a verdade, mas sei algumas coisas. A verdade de Deus permanece verdadeira, independentemente de quem a entrega ou do que está acontecendo na vida dessa pessoa no momento. Também é possível ser chamado e receber dons de Deus, ter uma boa imagem externa e brilhar como uma moeda nova, mas recusar o verdadeiro refinamento de caráter que vem por meio da escola de Deus da rendição e do sofrimento. Esse nunca foi um caminho popular, mas é onde a verdadeira transformação acontece. Na primeira vez que aquele pastor foi tentado, ele deveria ter fugido do pecado tão depressa quanto possível. Estou certa de que quanto mais ele cedeu, mais difícil se tornou sair. Talvez, como Davi, ele tenha pensado que estava se safando da situação. Afinal, seu ministério parecia estar florescendo.

Paulo escreveu: "Os dons e o chamado de Deus são irrevogáveis" (Romanos 11:29). Ouvi pessoas usarem esse versículo como licença para desculpar seu comportamento: "Deus me chamou. Deus me deu dons. Não há nada que ninguém possa fazer a respeito. Blá, blá, blá!"

Em primeiro lugar, esse versículo está em uma passagem relacionada a Deus tendo misericórdia do seu povo escolhido, Israel. Em segundo lugar, o que vimos claramente na vida do rei Saul é que o dom pode permanecer, mas a unção e a presença de Deus podem ser retiradas. Há uma enorme diferença entre uma aparência externa de poder e uma rendição interna ao Espírito Santo.

A passagem de 2Samuel termina assim: "Mas o que Davi fez desagradou ao Senhor" (v. 27). De uma coisa estou certa, se você é um homem ou mulher que ama a Deus e quer viver uma vida temente a ele, o pecado não confessado o destruirá por dentro. Isso ficou aparente na vida de Davi nas semanas e meses que se seguiram? Parece que não. Quando lemos sobre o confronto que Davi finalmente teve com o profeta, é natural presumir que ele aconteceu quase que imediatamente, mas observe isto: passou-se quase um ano antes que o profeta Natã confrontasse Davi com o seu pecado! Podemos ver o que estava se passando dentro de Davi nos Salmos 32 e 51, mas primeiro ocorreu o encontro profético.

> E o Senhor enviou a Davi o profeta Natã. Ao chegar, ele disse a Davi: "Dois homens viviam numa cidade, um era rico e o outro, pobre. O rico possuía muitas ovelhas e bois, mas o pobre nada tinha, senão uma cordeirinha que havia comprado. Ele a criou, e ela cresceu com ele e com seus filhos. Ela comia junto dele, bebia do seu copo e até dormia em seus braços. Era como uma filha para ele. Certo dia, um viajante

chegou à casa do rico, e este não quis pegar uma de suas próprias ovelhas ou de seus bois para preparar-lhe uma refeição. Em vez disso, preparou para o visitante a cordeira que pertencia ao pobre".

Então Davi encheu-se de ira contra o homem e disse a Natã: "Juro pelo nome do SENHOR que o homem que fez isso merece a morte! Deverá pagar quatro vezes o preço da cordeira, porquanto agiu sem misericórdia".

"Você é esse homem!", disse Natã a Davi (2Samuel 12:1-7)

Imagine a cena. Davi ama Natã e confia nele como um homem de Deus. Estou certa de que Davi ficou satisfeito em receber o profeta. Talvez aquela visita eliminasse um pouco do peso que ele vinha sentindo interiormente há meses. Natã começa a contar a sua história enquanto Davi está recostado ouvindo. À medida que a história se desenrola, Davi vai ficando furioso. Como poderia alguém cometer algo tão brutal, ter um sangue tão frio? Davi dá a sentença sem saber que está condenando a si mesmo, até que quatro palavras ligam a luz negra do detector de pecados.

Você é esse homem!

Apenas quatro palavras dissipam as trevas que Davi usou para encobrir seu pecado. Não é interessante o quanto é mais fácil ver o pecado na vida de outra pessoa do que em nossa própria vida? Essa história realmente me ajudou algumas vezes. Sempre que penso em fazer algo, mas tenho uma sensação incômoda de que isso poderia não ser certo, uso a lição de Natã. Imagino o que eu pensaria se alguém me dissesse que outra pessoa o havia feito. Essa prática simples é realmente poderosa. Tenho um filtro quebrado em algumas áreas da minha vida, mas se eu usar esse princípio como uma lente precisa sobre a minha vida, consigo ter clareza.

O tempo oportuno de Deus me fascina. Ele não enviou Natã na manhã depois de Davi dormir com Bate-Seba, ou mesmo após a morte de Urias. Ele não o enviou sequer quando Davi casou-se com ela. Deus esperou. A maioria dos teólogos concorda que cerca de um ano havia se passado.

Por que Deus esperaria? É a misericórdia de Deus que nos permite sentir o impacto do nosso pecado. Até entendermos plenamente o peso do nosso pecado, não podemos verdadeiramente celebrar a beleza do alto preço da nossa redenção.

Como a maioria das pessoas poderosas, o rei Davi estava cercado por aqueles que lhe diziam apenas o que ele queria ouvir. Esse é o problema do poder. Ele atrai seguidores como mariposas seguem a luz, seguidores que não estão dispostos a confrontar o pecado ou a deixar o líder irritado. Muitos grandes ministérios e igrejas caíram porque aquele que está "sentado no trono" recusou o conselho de pessoas boas, pessoas de Deus. Pode ter dado uma boa sensação por algum tempo ter o seu ego afagado três vezes por dia, mas é um presente muito maior estar cercado por aqueles que o amam o suficiente para dizer a verdade. Lembre-se: "Quem fere por amor mostra lealdade, mas o inimigo multiplica beijos" (Provérbios 27:6).

Você percebe o quanto o coração de Davi havia se endurecido? De acordo com a Lei judaica, alguém que roubasse algo do outro precisava devolver quatro vezes mais. A Lei não faz menção a matar o ladrão. Davi parece estar limpando a própria consciência punindo outra pessoa. Assim como Davi, quando nos apegamos ao pecado em nossas próprias vidas, nós nos tornamos extremamente julgadores com relação aos outros. Somente quando provamos a graça é que podemos compartilhá-la com outro pecador. Em seu livro sobre Davi, Alan Redpath escreveu:

> Será por isso que alguns de nós somos tão pouco misericordiosos com o cristão que tropeçou? Será por isso que não temos um Evangelho para o crente que caiu? Talvez não seja porque somos muito santos, mas porque somos tão pouco santos que condenamos alguma coisa no outro

> enquanto nos recusamos a julgar essa mesma coisa em nossas próprias vidas.[2]

Ou falando mais francamente, reflita sobre o que Jesus disse sobre a mulher surpreendida em adultério: "Se algum de vocês estiver sem pecado, seja o primeiro a atirar pedra nela" (João 8:7).

Natã não havia terminado com Davi. Ele estava ali em uma missão divina, entregando cada palavra que Deus queria dizer a Davi:

> Assim diz o SENHOR, o Deus de Israel: "Eu o ungi rei de Israel e o livrei das mãos de Saul. Dei-lhe a casa e as mulheres do seu senhor. Dei-lhe a nação de Israel e Judá. E, se tudo isso não fosse suficiente, eu lhe teria dado mais ainda. Por que você desprezou a palavra do SENHOR, fazendo o que ele reprova? Você matou Urias, o hitita, com a espada dos amonitas e ficou com a mulher dele. Por isso, a espada nunca se afastará de sua família, pois você me desprezou e tomou a mulher de Urias, o hitita, para ser sua mulher". Assim diz o SENHOR: "De sua própria família trarei desgraça sobre você. Tomarei as suas mulheres diante dos seus próprios olhos e as darei a outro; e ele se deitará com elas em plena luz do dia. Você fez isso às escondidas, mas eu o farei diante de todo o Israel, em plena luz do dia" (2Samuel 12:7-12).

Como essa palavra deve ter sido dura de ouvir. E aterrorizante também. Natã lembrou a Davi sobre a bondade e a fidelidade ilimitadas de Deus para com ele. Então ele passou para as consequências drásticas de seu pecado: "a espada nunca se afastará de sua família."

Ao ler a história de Davi repetidamente, eu me perguntei: será que Deus esperou quase um ano para dar a Davi a oportunidade de confessar seu pecado sem a mensagem de Natã? Será que as consequências teriam sido menores se Davi tivesse escolhido se humilhar unicamente diante de Deus? Só Deus sabe a resposta para essa pergunta. O que sabemos é como Davi reagiu a essa palavra profética. "Então Davi disse a Natã: 'Pequei contra o SENHOR!'" (2Samuel 12:13).

Só isso! Essa foi toda a resposta dele.

Não houve nada como: "Eu sei que foi errado, mas estava muito cansado e não acho que ela deveria estar no telhado se banhando. Ela deveria saber que eu a veria!" Ele não disse: "Ordenei que Urias fosse dormir com sua mulher. Se ele tivesse feito isso, nada teria acontecido!" Tudo o que ele disse foi: "Pequei contra o SENHOR". Ele nem sequer disse: "Pequei contra Urias" ou Bate-Seba ou Joabe, ou contra qualquer de suas próprias esposas. Davi entendeu que aquele contra quem ele havia pecado grandemente era contra o Senhor. Ele havia feito mal a outros? Absolutamente sim! Mas Deus sentiu o peso do seu pecado mais intensamente.

Compare isso com a reação de Saul quando o profeta Samuel o confrontou com o fato de ter ouvido o balido de ovelhas e o mugido de bois, mesmo depois de ter sido dito a ele que matasse a todos. "Respondeu Saul: 'Os soldados os trouxeram dos amalequitas; eles pouparam o melhor das ovelhas e dos bois para sacrificarem ao SENHOR, o teu Deus, mas destruímos totalmente o restante'" (1Samuel 15:15). Saul tentou justificar o que ele havia permitido e tentou espiritualizar sua desobediência. Samuel respondeu: "Acaso tem o SENHOR tanto prazer em holocaustos e em sacrifícios quanto em que se obedeça à sua palavra?" (v. 22). Aprendemos aqui que Deus não está interessado em desculpas religiosas ou em que coloquemos a culpa nos outros. Culpar alguém é simplesmente outra maneira de transferir nossa ira ou dor para outra pessoa. Deus está interessado unicamente em nosso coração e na receptividade dele à sua voz.

Finalmente, a reação do coração de Davi foi assumir o que ele havia feito. Há grande graça aqui para você e para mim. Se você olhar o pecado de Saul e o pecado de Davi com os olhos do século XXI, o de Davi parece muito mais grave. Em qualquer momento do nosso livro, adultério e assassinato seriam superiores à desobediência a algumas ordens. Não podemos medir, porém, a importância do que Saul fez. Ele tocou em coisas que eram santas para Deus e continuou fazendo o que queria repetidamente, vivendo decididamente fora da vontade e da voz de Deus em total desafio a ele. Por mais profundamente que entendamos a implicação desses atos, a esperança presente nessas duas histórias sórdidas é a de que quando assumimos o nosso pecado, Deus nos perdoa.

A graça é maravilhosa, como diz a canção, mas ela não apaga os efeitos do nosso pecado deliberado. Houve sérias consequências pelo pecado de Davi. O bebê nascido de Davi e Bate-Seba morreu. Porém, depois que as lágrimas dessa perda se secaram, a redenção floresceu com o nascimento de Salomão. O filho de Davi finalmente se tornaria o sucessor do rei, o construtor do templo fantástico, e o rei mais sábio que já governou. Salomão escreveu isto: "Quem esconde os seus pecados não prospera, mas quem os confessa e os abandona encontra misericórdia" (Provérbios 28:13). Onde você acha que Salomão aprendeu essa lição? Você não acha provável que ele a tenha aprendido com o pai? Este é o outro grande presente que resulta da noite das escolhas ruins: temos verdadeira esperança e sabedoria a oferecer àqueles que vêm depois de nós.

Sua vida é uma história que será lida por outros. Podemos optar por esconder as partes que consideramos fracassos e destacar as coisas boas, ou podemos viver como um livro aberto, gratos por onde a redenção nos encontrou, mas não nos deixou. Se você fez escolhas ruins em sua vida, eu o incentivo e não se esconder. Em vez disso, permita que a luz penetrante do amor de Deus revele o pecado e cure o seu coração.

Não quero dizer que você deveria começar a contar sua história indiscriminadamente àqueles que talvez não estejam em condições de recebê-la. Cristo alertou que não devemos lançar nossas pérolas aos porcos (ver Mateus 7:6). Em outras palavras, não pegue o que é santo para você e dê àqueles que somente irão pisoteá-lo. Seja sábia quanto às coisas que deve revelar. Mas quando você tiver recebido certa medida de cura profunda, preste atenção àqueles a quem o Espírito Santo o direcionar para que você possa compartilhar a esperança que agora vive em você. Nossa história é um dos maiores presentes que podemos dar uns aos outros. Paulo escreveu: "Bendito seja o Deus e Pai de nosso Senhor Jesus Cristo, Pai das misericórdias e Deus de toda consolação, que nos consola em todas as nossas tribulações, para que, com a consolação que recebemos de Deus, possamos consolar os que estão passando por tribulações" (2Coríntios 1:3-4).

Nossas cicatrizes podem dar vida a outros para que as cicatrizes deles possam ser menores. Suas feridas podem até mesmo transformar outra vida.

Alfred Nobel nasceu na Suécia, em 1866. Você provavelmente não sabe muito sobre esse homem, mas pode estar bem familiarizado com seu legado como o criador do Prêmio Nobel da Paz. Alfred era fascinado por física e química. Ele passou um tempo estudando em Paris com um jovem químico italiano, Ascanio Sobrero, que havia inventado a nitroglicerina. Depois de Alfred se mudar novamente para a Suécia, ele continuou fazendo experiências com essa substância altamente inflamável, mas seus experimentos deram terrivelmente errado, resultando na morte de seu irmão mais novo, Emil. Mesmo assim, ele perseverou. Descobriu que se você misturar a nitroglicerina com um tipo de areia fina chamada kieselguht, ela poderia ser transformada em uma pasta que poderia ser moldada em bastões. Ele chamou essa descoberta de *dinamite*.

Quando morreu, seu último desejo em testamento declarava que sua riqueza deveria ser dada como prêmios aos que tivessem feito o máximo pela humanidade em física, química e literatura, e àqueles que buscassem a paz. Sua família contestou-o por quatro anos, mas finalmente o primeiro Prêmio Nobel da Paz foi concedido em 1901. Alguém que havia feito fortuna desenvolvendo uma substância que pode ser usada para causar grande destruição deixou essa riqueza para aqueles que lutam pela beleza, pela cura e pela paz. Uma flor que floresceu em um lugar de grande perda e dor.

O mesmo aconteceu com Davi.

Enquanto Natã ainda se voltava para sair, Davi pegou sua pena e escreveu estas palavras:

Tem misericórdia de mim, ó Deus,
por teu amor;
por tua grande compaixão
apaga as minhas transgressões.
Lava-me de toda a minha culpa
e purifica-me do meu pecado.
Pois eu mesmo reconheço as minhas transgressões,
e o meu pecado sempre me persegue.
Contra ti, só contra ti, pequei
e fiz o que tu reprovas,
de modo que justa é a tua sentença
e tens razão em condenar-me.
Sei que sou pecador desde que nasci,
sim, desde que me concebeu minha mãe.
Sei que desejas a verdade no íntimo;
e no coração me ensinas a sabedoria.
Purifica-me com hissopo, e ficarei puro;
lava-me, e mais branco do que a neve serei.
Faze-me ouvir de novo júbilo e alegria,
e os ossos que esmagaste exultarão.

Esconde o rosto dos meus pecados
e apaga todas as minhas iniquidades.
Cria em mim um coração puro, ó Deus,
e renova dentro de mim um espírito estável.
Não me expulses da tua presença,
nem tires de mim o teu Santo Espírito.

Devolve-me a alegria da tua salvação
e sustenta-me com um espírito pronto a obedecer.
(Salmos 51:1-12)

O rei Davi ficou preso em um sofrimento absoluto por um ano. Para os demais, pode ter parecido que a vida estava transcorrendo normalmente, mas no Salmo 32 ele escreveu palavras tocantes sobre o que acontece conosco quando tentamos enterrar o nosso pecado e seguir em frente com a vida nas sombras.

Enquanto eu mantinha escondidos os meus pecados,
o meu corpo definhava de tanto gemer.
Pois dia e noite a tua mão pesava sobre mim;
minhas forças foram-se esgotando como em tempo de seca.
Então reconheci diante de ti o meu pecado
e não encobri as minhas culpas.
Eu disse: Confessarei as minhas transgressões ao Senhor*,*
e tu perdoaste a culpa do meu pecado.
Toda a minha culpa se foi.
(vv. 3-5)

"Toda a minha culpa se foi!" Que declaração poderosa. Você pode passar toda a sua vida ansiando por voltar e mudar um momento ou uma decisão, mas não pode mudar o passado. O que Deus lhe oferece é graça e perdão no presente e esperança para o futuro.

Vi essa graça claramente nos olhos da esposa de um pastor que pediu para falar comigo depois de um evento no centro-oeste do país. Ela havia feito um aborto na faculdade e nunca contou a ninguém, nem mesmo a seus pais. "Eu não podia ter um bebê; só queria seguir em frente com a minha vida", disse ela. Depois de se casar, eles tentaram engravidar por algum tempo, mas ela não conseguiu. "Eu sabia que era minha culpa. Sabia que Deus estava zangado comigo e me punindo". A dor dela foi tão intensa que ela ficou doente. Acreditando que estava morrendo, ela contou a seu marido o segredo que pesava sobre sua alma como uma pedra de moinho. "Ele me perdoou", ela disse. "Ele me disse que me amava e que Deus me amava também". Com esse peso lançado ao mar, ela começou a melhorar, e a ficar mais forte a cada dia.

Lembro-me de que ela disse: "Quando você contou sua história sobre a depressão e sobre o quanto você se sentia envergonhada a princípio, mas como Deus está usando isso para ajudar outros, eu disse a Deus que faria o mesmo. Não quero que nenhuma outra mulher sofra sozinha. Eu queria consertar o meu passado. Não posso fazer isso, mas Deus me consertou aos olhos dele. Acho que isso é melhor, você não acha?"

Acho sim! Deus é muito maior que o seu passado. Ele é muito mais misericordioso que o seu pecado. Ele é muito mais forte que o seu momento de maior fraqueza. Os planos dele para você são muito maiores que os seus erros. Ele está ao seu lado. Sempre! A graça de Deus é como a luz negra penetrante do limpador de carpetes que salvou o chão do nosso quarto. A sujeira foi exposta, mas não foi deixada como estava. Do mesmo modo, Deus nos restaura para que possamos sair desse lugar renovadas e compartilhar a nossa história com outras que estão feridas, uma mulher de cada vez. Essa é uma mensagem que este mundo, e até a Igreja, está ansiando por ouvir. Você pode ser limpa. Você pode ser livre!

OITO

O anseio pelo que glorifica a Deus

Davi, porém, continuou subindo o monte das Oliveiras, caminhando e chorando, com a cabeça coberta e os pés descalços. E todos os que iam com ele também tinham a cabeça coberta e subiam chorando.

— *2Samuel 15:30*

Foi uma noite longa e sombria que caiu sobre mim, assombrada pelos fantasmas de muitas esperanças, de muitas lembranças queridas, de muitos erros, muitas tristezas e remorsos inúteis.[1]

— *Charles Dickens, David Copperfield*

SOMENTE QUINZE PESSOAS ESTAVAM NA SALA DE AUDIências naquela manhã em 2015. Barry e eu estávamos sentados na terceira fila do lado esquerdo. Parecia a cena de um programa sobre a realidade dos tribunais. Estávamos alguns minutos adiantados, então olhei para ver se nossa advogada já estava ali. Vi seus longos cabelos louros antes de ver seu rosto. Ela falava com o escrivão. Quando terminou de entregar a documentação, sentou-se ao nosso lado.

— Como vocês estão? — ela perguntou.

— Estamos bem — disse Barry.

Olhei em volta. Dois homens estavam sentados na fileira de trás atrás de nós com uma pilha de papéis, parecendo que haviam dormido com seus ternos. Um homem estava sentado sozinho na última fileira à direita. Ele parecia nervoso e esfregava um lenço de papel entre seus dedos até que pareceu que havia nevado sobre as calças dele.

— Somos os primeiros? — perguntei.

— Não, estamos em quarto lugar.

— Devemos dizer alguma coisa nesta audiência? — perguntei.

— Não, a não ser que o juiz os chame.

O ruído que o martelo do juiz faz é muito peculiar. Dois golpes agudos de madeira dura sobre um bloco sólido de madeira, exigindo respeito e atenção. Estávamos todos de pé antes que eu pudesse gritar, "Culpado!" de repente tive esse desejo bizarro de rir, então mordi a parte interna da bochecha até ela sangrar. A juíza tomou seu lugar, e todos nós nos sentamos.

Cenas do filme *Bananas*, de Woody Allen, passavam pela minha cabeça sem cessar. Você já assistiu a esse filme? Woody Allen faz o papel de Fielding Mellish, quem, em uma tentativa desesperada de impressionar uma namorada ativista, envolve-se em uma revolução em San Marcos e acaba se tornando presidente do país. Minha parte favorita do filme é quando ele está se defendendo no tribunal. O juiz entra, bate o martelo duas vezes, e Fielding imediatamente declara: "Eu contesto, excelência. Este julgamento é um fingimento. Ele é um fingimento de uma zombaria de uma simulação de duas zombarias de um fingimento...". E a coisa continua!

Naquele dia no tribunal, eu não havia tomado café da manhã. E me sentia tonta com a cena surreal que estava diante de mim. Pensei que a qualquer momento uma de minhas amigas entraria e diria: "Brincadeirinha! Enganamos você!"

De repente, ouvi a juíza chamar o nosso número. Nossa advogada tomou o seu lugar. Naquele momento, tudo mudou. Nada mais era engraçado. Senti um nó apertado no estômago. Pensei que poderia vomitar. Haviam me dito que aquela juíza era dura, e ela estava em plena forma naquela manhã. Levamos horas para preparar toda a documentação exigida para o tribunal de falências, mas ela rasgou tudo em pedaços. Havíamos preenchido os documentos cuidadosamente como havíamos sido instruídos, mas ela mudou todas as regras naquela manhã e nos disse para voltarmos dentro de um mês. Ela nos liberou. Quando chegamos do lado de fora, nossa advogada espumava de irritação.

— Por que ela fez aquilo? — perguntei.

— Porque ela pode! — disse ela.

— O que fizemos de errado?

— Nada — ela disse, enxugando a testa com a manga do casaco. — Ela tem o poder. E se ela sentir vontade, pode mudar as regras. Vamos tirar alguns dias e manter contato. Vamos começar de novo.

Estava chovendo, então Barry foi pegar o carro. Eu estava com as minhas "roupas de audiência". Terninho, meias finas, sapatos de salto médio. Tirei os sapatos e sentei-me na beirada de um canteiro de plantas.

— Senhor, como chegamos a esta situação?

3 de dezembro de 1994

Acordei sorrindo, antes de o despertador tocar. Olhei pela janela do hotel no centro de Charleston e começava a nevar. Perfeito!

O dia do meu casamento.

Eu nunca pretendera me casar novamente. Após cinco anos como uma das apresentadoras do *Clube 700*, havia me mudado para o sul da Califórnia a fim de frequentar o Seminário Fuller. Eu ansiava por voltar às minhas raízes, meu fundamento em Cristo. Não tinha uma ideia clara do que faria em seguida, mas era meu desejo enterrar meu coração na Palavra de Deus. Estar em um programa de mestrado era muito diferente do meu trabalho como estudante não graduada. A maioria dos meus colegas de turma estava no ministério havia algum tempo e dedicavam ali um tempo para se prepararem melhor para a obra que Deus os havia chamado a realizar. Isso lhes custava tempo e dinheiro, por isso levavam sua busca a sério. Eu amava cada momento. Depois de uma aula sobre C. S. Lewis ou de um sermão sobre a história da Igreja, nós nos sentávamos em bancos do lado de fora da cafeteria e conversávamos sobre o que estávamos aprendendo. Eu estava muito grata.

A vida era simples e boa.

Steve Arterburnm, um amigo de longa data, telefonou-me um dia e perguntou se eu almoçaria com Barry, um produtor de tevê. Steve e eu conversáramos sobre a possibilidade de um dia termos um programa de entrevistas. Queríamos um formato no qual os cristãos que tivessem passado por situações de quebrantamento pudessem falar, testemunhando sobre problemas reais e fidelidade de Deus quando a vida parece ter chegado ao fim. Eu disse a ele que ficaria feliz em encontrar Barry, mas qualquer coisa nesse modelo ainda estaria bem distante para mim. Eu estava aprendendo a falar menos e ouvir mais. Um dos dons do que João da Cruz considerava a "noite escura" (da alma) é que a sua visão muda; você vê as pessoas de modo diferente. Eu queria um tempo para permitir que tudo novo criasse raízes.

Comparo esse período da minha vida à história relatada no evangelho de Marcos:

> Eles foram para Betsaida, e algumas pessoas trouxeram um cego a Jesus, suplicando-lhe que tocasse nele. Ele tomou o cego pela mão e o levou para fora do povoado. Depois de cuspir nos olhos do homem e impor-lhe as mãos, Jesus perguntou: "Você está vendo alguma coisa?"

> Ele levantou os olhos e disse: "Vejo pessoas; elas parecem árvores andando".
>
> Mais uma vez, Jesus colocou as mãos sobre os olhos do homem. Então seus olhos foram abertos, e sua vista lhe foi restaurada, e ele via tudo claramente (Marcos 8:22-25).

Durante os primeiros trinta e poucos anos da minha vida, eu era como aquele homem que via as pessoas como se fossem árvores. Eu ouvia, mas não para realmente entender o que a outra pessoa estava dizendo, e sim para *consertá-la*. Eu estava certa de que, houvesse o que houvesse de errado com alguém, eu tinha um versículo para isso.

Mas a escola de sofrimento de Deus me transformou. Aprendi sobre o que chamo de companheirismo do quebrantamento: a união daqueles que amam a Deus, mas não têm todas as respostas de cor.

Concordei em me encontrar com Barry no estúdio onde ele produzia um programa. Fui imediatamente impactada por sua aparência. Ele tem cabelos louros fartos e olhos azuis. Conversamos apenas por cerca de trinta minutos naquela noite, mas eu não conseguia removê-lo da minha cabeça. Encontramo-nos novamente duas semanas para almoçar, depois novamente para um jantar que se transformou em um jantar e um filme. Esses encontros começaram a me impactar. Eu realmente gostei dele, mas não queria. Decidi que tinha de dizer isso a ele.

— Eu realmente gosto de você, Barry — eu disse. — Acho você uma pessoa divertida, mas você precisa saber que sou divorciada. Há menos de dois anos. Minha capacidade de fazer boas escolhas também é péssima, então não confio no meu coração. Acho que não devo vê-lo mais. Eu realmente sinto muito.

Ele disse que entendia e seguimos caminhos separados — por algumas semanas. Mas eu sentia falta dele, então perguntei aos meus melhores amigos, Frank e Marlene, se eles poderiam jantar com nós dois. Queria saber o que o instinto deles lhes diria.

Eles gostaram muito dele.

Parte de mim ansiava por amar e ser amada, mas uma parte que falava mais alto estava aterrorizada. Tudo o que eu queria fazer durante o restante da minha vida era viver de uma maneira que glorificasse a Deus. E se eu cometesse outro erro?

Essa é a parte difícil da vida, não é? Se os anseios passados nos levaram por um caminho de destruição, como podemos confiar em nosso instinto novamente?

Vimos Davi profundamente arrependido de seu caso com Bate-Seba e do assassinato de seu marido, Urias. Mas mesmo julgando-o, Deus ainda demonstrou misericórdia. De acordo com a Lei mosaica, um homem que dormisse com a mulher de outro deveria ser apedrejado. Quando você acrescenta conspiração para assassinato, não havia como suavizar a sentença.

"Então Davi disse a Natã: 'Pequei contra o SENHOR!' E Natã respondeu: 'O SENHOR perdoou o seu pecado. Você não morrerá'" (2Samuel 12:13).

As consequências em longo prazo, porém, foram devastadoras. O filho que Bate-Seba carregava viveu apenas sete dias. Não apenas isso, mas Deus consideraria Davi responsável não apenas como rei, mas também como pai. As sementes que ele havia semeado deliberadamente dariam frutos desastrosos em seu lar.

> "De sua própria família trarei desgraça sobre você. Tomarei as suas mulheres diante dos seus próprios olhos e as darei a outro; e ele se deitará com elas em plena luz do dia. Você fez isso às escondidas, mas eu o farei diante de todo o Israel, em plena luz do dia" (vv. 11-12).

Que sentença! Estou certa de que pelo restante de sua vida Davi lamentou aquela aventura de uma noite com a mulher de outro homem. Como John Lawrence escreveu: "A confissão e o perdão de modo algum impedem a colheita".[2]

Agora, antes que você decida que este capítulo é deprimente demais, deixe-me explicar o que eu gostaria de fazer aqui. Duas coisas:

1. Vamos ver as consequências das más escolhas. Podemos aprender com os erros de outros para que não sejamos facilmente tentadas a repeti-los.
2. Vamos ver as perguntas: "O que fazer em momentos como esses? Como viver quando as coisas não podem ser consertadas rapidamente?" Em outras palavras, como viver de uma maneira que glorifique a Deus em uma situação difícil?

Você ainda está comigo?

Que bom, porque o ponto principal é que não importa quantas más escolhas ou erros cometemos ou os outros cometeram, Deus continua a ser fiel!

Vamos dar uma olhada nas graves consequências das escolhas de Davi. Elas também são o tipo de juízo que associamos ao Antigo Testamento. É tentador descansar na graça do Novo Testamento e pensar que, por causa do sacrifício de Cristo, não temos mais de enfrentar as consequências do nosso pecado. De acordo com o apóstolo Paulo, isso simplesmente não é verdade: "Não se deixem enganar: de Deus não se zomba. Pois o que o homem semear, isso também colherá" (Gálatas 6:7). O sacrifício de Cristo oferece perdão e restauração da paz com Deus, mas, como você sabe, certas decisões trazem consigo consequências.

✱ Um caso extraconjugal pode levar ao fim de um casamento.

- A apropriação indébita em uma empresa pode acabar em um período na prisão.
- Um adolescente surpreendido bebendo pode ser expulso da escola.

Para todo pecado confessado há perdão. Ainda assim, precisamos enfrentar algumas consequências.

Você pode ler toda a história dos eventos significativos que impactaram Davi e sua família em 2Samuel 12 a 24, mas vou delineá-los brevemente neste capítulo. Entender a profundidade da dor de Davi nos ajudará a perceber a graça redentora de Deus que ainda foi derramada sobre a sua vida.

A primeira tragédia foi a perda do filho que Bate-Seba carregava. Um comentarista que li disse que essa dor foi removida quando ela deu à luz Salomão. Somente alguém que perdeu um filho sabe que isso não é verdade. É claro que Davi e Bate-Seba (agora casados) amaram esse novo bebê, mas nada remedia a dor de um filho perdido.

Quando Christian tinha dois anos, fiquei grávida novamente. Estávamos muito empolgados porque ele iria ter um irmão. Barry queria muito uma menina e eu só queria um bebê saudável, mas perdemos aquele pequenino com cerca de doze semanas. Por causa dessa perda, há um espaço vazio permanente em meu coração.

O evento seguinte na família de Davi é particularmente perturbador. Dois de seus filhos, Absalão e Tamar, tinham a mesma mãe. Amnon também era filho de Davi, mas com outra mãe. Amnon tinha desejo sexual por sua meia irmã. Lemos em 2Samuel 13 como Amnon enganou Tamar para fazê-la acreditar que ele estava doente, e quando ela foi ao seu quarto cuidar dele, Amon a violentou. Com esse estupro, a vida de Tamar essencialmente terminou. Ela estava desgraçada. E correu para aquele em quem mais confiava, seu irmão Absalão.

Durante dois anos Absalão nada fez. Ele não mencionou o pecado nem falou com seu irmão. Ele apenas aguardou o momento de vingar sua irmã.

Sou tentada a me perguntar onde Davi estava durante tudo isso? Se você tem dois filhos que não falam uma palavra um com o outro durante dois anos, acho que você perceberia. Seria de se esperar que você tentasse mediar a situação. Eu me pergunto se Davi temia que sua própria sujeira fosse lançada de volta em seu rosto. Mas fazer más escolhas em um momento da vida não significa que abdicamos da nossa responsabilidade como pais. Nossos erros podem ser a nossa vergonha ou a nossa história. Podemos tomar posse do que o inimigo pretendia para o mal e dizer: "Sim, isto é verdade, mas pela graça de Deus, sou uma mulher diferente", ou um homem diferente. Parece que Davi não fez nada.

Dois anos depois, Absalão deu uma festa durante o tempo da tosquia das ovelhas, pretendendo preparar uma armadilha. Ele convidou todos os filhos do rei, mas pediu a Davi especificamente para enviar Amnon. Davi a princípio ficou relutante, mas Absalão pediu e suplicou até que Davi finalmente disse sim.

Às vezes é difícil não ceder à pressão dos nossos filhos. Dizemos não, mas eles não desistem, e às vezes é mais fácil dizer sim e parar com todas aquelas súplicas.

Bem, Davi lamentaria ter cedido. Amnon era o filho mais velho, e por direito o próximo príncipe coroado na linha de sucessão para o trono. Ele não viveria para viver o dia seguinte. Absalão disse aos seus homens para esperarem até que Amnon estivesse embriagado e então o matassem.

Quando os outros filhos de Davi viram o sangue de seu irmão empoçado no chão, fugiram. Absalão escapou para a casa de seu avô e ficou lá por três anos.

Então, temos a morte de um filho, o estupro de uma filha pelo seu meio irmão, e o assassinato desse filho pelo seu irmão. As sementes da rebelião haviam sido plantadas profundamente porque uma colheita ainda maior cresceria. Um irmão vingando o estupro de sua irmã é algo que penso que todos nós podemos entender, mas Absalão tinha ânsia de poder e controle. Ele decidiu destronar seu pai e fazer a si mesmo rei. Você pode ler toda a história em 2Samuel 15. Absalão executou sua própria campanha política, seduzindo o povo. O poder e o carisma podem ser uma mistura intoxicante, mas sem caráter, eles são uma receita para o desastre.

Absalão desviou a afeição do povo de Israel para longe de seu pai. Quando Davi ouviu sobre o levante de rebelião, soube que viriam atrás dele. Mais uma vez ele teve que fugir do palácio para salvar sua vida. Lemos que "o rei partiu com todo o povo. Pararam na última casa da cidade" (2Samuel 15:17). Como deve ter sido para Davi, olhar para trás, para Jerusalém, aquela grande cidade que levava o seu nome, a Cidade de Davi, sem saber se algum dia retornaria?

"Davi, porém, continuou subindo o monte das Oliveiras, caminhando e chorando, com a cabeça coberta e os pés descalços. E todos os que iam com ele também tinham a cabeça coberta e subiam chorando" (v. 30).

Cabeça coberta, pés descalços: um sinal familiar, um sinal que qualquer um podia entender. O rei Davi estava falido.

2006

— Amei esta casa — eu disse — mas ainda não vendemos a outra.

— Minha preocupação é que se não a comprarmos agora, podemos perdê-la — Barry respondeu.

Estávamos vivendo na região de Dallas, no Texas, havia quatro anos. Nosso filho, Christian, tinha oito anos. Quando escolhemos nossa casa, não prestamos atenção suficiente ao fato de que ela ficava próxima a uma escola secundária e motoristas adolescentes apostavam corrida pelas ruas, dando pouca atenção a um garoto de oito anos de bicicleta. Isso realmente me preocupava, então decidimos vender a casa e encontrar um bairro mais tranquilo. Encontramos a casa que queríamos. Mas será que venderíamos a nossa a tempo?

Finalmente um casal fez uma oferta e a aceitamos. O único problema era que tínhamos de fechar a compra da nova casa antes de concluir a negociação da antiga. Ainda assim tudo parecia bem. A família que estava comprando nossa casa tinha filhos mais velhos que frequentariam o Ensino Médio, de modo que tudo parecia perfeito. Um negócio certo.

Que palavra interessante, *parecia.* Você já ficou refém daquilo que "parecia"?

- Parecia a decisão certa na época.
- Ela parecia a pessoa perfeita para o cargo.
- Ela parecia ser a babá perfeita.
- Ele parecia um bom sujeito.

Estou certa de que você previu o que aconteceu. Sim, antes que a tinta da assinatura secasse em nosso novo contrato, os compradores da nossa antiga casa desistiram, assim como todo o mercado imobiliário de Dallas despencou naquele ano. Durante cinco anos pagamos por dois financiamentos. Não apenas um financiamento extra, mas também a manutenção da nossa antiga casa. Aprendi, durante os dois anos que se seguiram, que o pecado da omissão podia ser tão devastador quanto o pecado da ação.

Barry é um perfeccionista. Ele ama decoração e design e realmente trabalhou com eficiência em nossa nova casa. Eu voltava das viagens de conferências e o carpete estava diferente e a posição das luminárias havia mudado. Quando eu perguntava por que elas estavam diferentes, ele apenas dizia alguma coisa sobre uma troca com o construtor. Eu nunca procurei saber mais sobre o assunto. A verdade era que ele havia gasto uma pequena fortuna nessa nova casa "perfeita" que se tornaria nossa prisão como devedores. Eu trabalhava tanto quanto podia nos anos que se seguiram para tentar amortizar a dívida, mas no outono de 2014, tivemos de enfrentar o problema: estávamos em uma situação financeira com a qual não podíamos lidar.

Eu estava muito envergonhada. Estava zangada também. Havíamos feito um acordo antes de nos casarmos, de que nunca gastaríamos mais do que tínhamos. Fracassamos miseravelmente. Tudo que temos pertence ao Senhor, mas havíamos gasto isso como se fosse nosso para esbanjar. Pensei em todas as mães e filhos que eu havia encontrado na África, nas Filipinas e na República Dominicana que tinham tão pouco, mas viviam com uma profunda gratidão. Pensei em minha própria criação, quando minha mãe tinha tão pouco depois da morte de meu pai, mas nunca entrou em dívidas em um único centavo. O peso do que havíamos feito me esmagou.

Em nossa primeira reunião com a advogada de falências, Barry respondeu à maioria das perguntas enquanto eu segurava uma xícara de café até ele esfriar. Ela perguntou:

— Vocês estão tentando se livrar de algumas de suas dívidas?

Ele disse:

— Não. Queremos pagar cada centavo, mas simplesmente não sabemos como fazer isso.

E assim teve início o processo de renegociação da dívida. Foram meses seguidos de relatórios de cada centavo que ganhávamos, dos cartões de crédito cancelados e uma conta corrente com o nome *Devedor em processo de falência* impresso como uma acusação em cada cheque. (Considerei a hipótese de mudar meu nome para Sheila Devedora Em Processo de Falência, mas isso me pareceu esquisito.)

Todos os nossos esforços nos levaram àquela manhã no tribunal, quando apresentamos nosso plano para pagar tudo o que devíamos. Ele era bastante direto; não estávamos tentando nos safar de nada. Nossa advogada havia apresentado inúmeros casos exatamente como o nosso para aquela juíza. Mas naquela manhã em particular, ela não gostou da aparência da nossa papelada. Então agradecemos a ela e saímos da sala de audiências.

Minha pergunta, o grito apaixonado do meu coração enquanto eu estava sentada na beirada de um canteiro, foi este: "Como podemos glorificar o teu nome em meio a este caos, Senhor?".

Consequências.

Não podemos fugir delas.

Talvez você esteja nessa situação agora.

O perdão é um presente belo e caro oferecido quando arruinamos tudo, mas a graça é o que precisamos para o longo caminho de volta para casa rumo à integridade. Algumas situações podem ser resolvidas em um instante. Outras levam muito tempo para serem solucionadas. Até a nossa própria salvação, como Paulo escreveu à Igreja de Filipos, precisa ser desenvolvida: "Assim, meus amados, como sempre vocês obedeceram, não apenas na minha presença, porém muito mais agora na minha ausência, ponham em ação a salvação de vocês com temor e tremor, pois é Deus quem efetua em vocês tanto o querer quanto o realizar, de acordo com a boa vontade dele" (Filipenses 2:12-13).

Eu havia me oferecido para falar em uma prisão de mulheres na noite anterior à palestra que faria em uma conferência na mesma cidade. Cheguei cedo e tive permissão para passar a melhor parte do dia me encontrando com várias mulheres cadastradas na parte da prisão na qual ficavam as mulheres cristãs. Foi incrível ver o currículo que o ministério na prisão oferecia: ensino bíblico, habilidades para criação de filhos, habilidades domésticas, e todo tipo de lições práticas que se esperava que servissem bem àquelas mulheres do lado de fora. As histórias delas eram de partir o coração.

Algumas tinham problemas com vício em drogas e haviam sido levadas à prostituição para sustentar o seu hábito ou de um namorado. Muitas tinham filhos pequenos do lado de fora e me mostraram as fotos de pequenos rostos vivazes que deveriam estar envolvidos pelos braços de suas mães. Uma garota em particular parecia muito deslocada. Ela parecia uma boneca: magra, cabelos louros e faces pálidas. Tinha um sorriso extremamente doce. Sua história não é minha, portanto não posso compartilhá-la, mas os horrores que essa criança enfrentou são indizíveis.

Um dia, quando não suportou mais, ela pegou uma faca e revidou. Agora ela estava trancafiada por se proteger quando ninguém mais o faria. Creio que ela deve ter visto dentro da minha alma enquanto eu brigava com Deus acerca da injustiça na vida dessa garota, porque ela colocou a mão sobre o meu braço. Estou parafraseando a resposta dela: "Sheila, esta foi a melhor coisa que já me aconteceu. Atrás desses muros encontrei um relacionamento com um Deus que morreu por mim. Nunca mais estarei sozinha novamente".

Enquanto eu conduzia o louvor naquela noite diante de trezentas mulheres presidiárias, eu a vi, com os braços erguidos ao céu, grata ao nosso Deus, que cria beleza a partir das nossas cinzas. Essa jovem preciosa me mostrou como glorificar a Deus em uma situação muito, muito difícil.

Mas e quanto ao nosso grande compositor de hinos?

Da última vez que falamos de Davi, deixamos o salmista sofrendo e chorando enquanto subia o caminho para o Monte das Oliveiras. Só Deus sabe a razão de todas aquelas lágrimas.

Lágrimas de remorso.

Lágrimas de traição.

Lágrimas de perda.

O que sabemos é o que ele escreveu durante aquele período. Davi escreveu o Salmo 3 quando fugia de Absalão. Essas palavras nos dão um vislumbre do seu coração.

SENHOR, muitos são os meus adversários!
Muitos se rebelam contra mim!
São muitos os que dizem a meu respeito:
"Deus nunca o salvará!"

Mas tu, SENHOR, és o escudo que me protege;
és a minha glória e me fazes andar de cabeça erguida.
Ao SENHOR clamo em alta voz,
e do seu santo monte ele me responde.

Eu me deito e durmo,
e torno a acordar,
porque é o SENHOR que me sustém.
Não me assustam os milhares que me cercam.
(vv. 1-6)

Neste salmo, o rei Davi, convivendo com as consequências de seu pecado, nos dá um modelo de como viver: adorando! Quando nada mais faz sentido, agradecemos a Deus por quem ele é e pelo quanto nos ama. Clamamos aos céus e declaramos aos nossos corações feridos que o Senhor cuida de nós. Ele é o nosso escudo! Ele é o nosso defensor! Ele é aquele que mantém a nossa cabeça erguida quando queremos enterrá-la em um travesseiro.

Se você está em uma situação difícil agora, escreva essa oração de Davi. Ore-a sobre si mesma. Ao olhar no espelho, ore-a em voz alta. Quando alguém lhe disser que você nunca sairá desse caos, encontre um lugar tranquilo e declare essa verdade repetidamente, até que ela soe mais alto para você que as mentiras do inimigo. A verdade é que não importa como as coisas pareçam estar nem o que sintamos, Deus está no controle.

Agora quero que pensemos em mais uma coisa.

Davi poderia ter enfrentado Absalão. Ele era um rei poderoso, carismático, um grande guerreiro. Então você não acha que Davi, em vez de fugir de Jerusalém, poderia ter reunido toda Israel novamente para ir contra o seu filho rebelde?

Encontramos uma lição profunda neste ponto que nos mostra como é uma pessoa segundo o coração de Deus. Sob o governo invejoso do rei Saul, Davi nunca lutou para ser rei, embora fosse o ungido para ocupar essa posição. Agora, como rei, ele se recusava a lutar para manter a coroa. Saul lutou, mentiu e desobedeceu para manter o controle do poder. Naquela luta insana ele perdeu não apenas o poder, mas também a lucidez, e o que é mais devastador de tudo, a presença do Senhor.

Davi recusava-se a lutar por poder. Seu ponto principal era: "Se Deus acabou comigo, então estou acabado. Se não, não importa o que qualquer pessoa tente fazer, Deus me vingará". Que lugar poderoso de descanso e paz. Mais que o poder de Deus, Davi desejava a vontade de Deus. Amo a maneira como Gene Edwards retrata Davi enquanto ele se afasta voluntariamente do palácio e do reino: "O verdadeiro rei voltou-se e saiu silenciosamente da sala do trono, do palácio, da cidade. Ele andou e andou... entrando no coração de todos os homens (e mulheres) cujos corações são puros[3]."

Deus estava prestes a restaurar o trono a Davi. Ninguém poderia imaginar que seria exatamente aquilo pelo qual Absalão era elogiado que levaria à sua queda.

> Em todo o Israel não havia homem tão elogiado por sua beleza como Absalão. Da cabeça aos pés não havia nele nenhum defeito. Sempre que o cabelo lhe ficava pesado demais, ele o cortava e o pesava: eram

dois quilos e quatrocentos gramas, segundo o padrão do rei (2Samuel 14:25-26).

Não consigo imaginar a aparência de Absalão... Sem defeito da cabeça aos pés. O que ele via no lago refletido todas as manhãs lhe dizia que ele era invencível. Ah, se ele pudesse somente ter ficado um pouco mais e olhado um pouco mais profundamente por trás dos seus olhos perfeitos, para a sua alma perturbada e rebelde! Ele era outro Saul em formação. Aqueles que agarram o poder e estão dispostos a fazer qualquer coisa para retê-lo jamais confiarão naqueles que os cercam, pois verão nos outros o que eles se recusam a assumir em si mesmos. O derradeiro insulto de Absalão a seu pai foi um triste cumprimento da última parte da profecia de Natã a Davi. "Tomarei as suas mulheres diante dos seus próprios olhos e as darei a outro; e ele se deitará com elas em plena luz do dia" (2Samuel 12:12).

Tendo expulsado seu pai do trono e do palácio, Absalão cometeu o ato final de degradação da honra de seu pai: "E assim armaram uma tenda no terraço do palácio para Absalão, e ele teve relações com as concubinas de seu pai à vista de todo o Israel" (2Samuel 16:22). Ele fez isso em público, onde todos pudessem ver, no mesmo lugar onde Davi havia cobiçado possuir Bate-Seba.

Eu me pergunto se por um instante ele parou e pensou no Deus de seu pai. Não importa quem se sentava no trono daquele palácio sofisticado, existe Alguém que se senta no trono para sempre. Esse Rei não se deixará zombar.

Aquele mesmo dia foi um dia de batalha, Absalão e seus homens perseguiriam Davi para matá-lo. Talvez Absalão estivesse tão cheio de ódio que sua visão ficou nebulosa, porque ele não sobreviveria àquele dia.

Durante a batalha, Absalão, montado em sua mula, encontrou-se com os soldados de Davi. Passando a mula debaixo dos galhos de uma gran-

> de árvore, Absalão ficou preso nos galhos pela cabeça. Ficou pendurado entre o céu e a terra, e a mula prosseguiu. [...] E Joabe disse: "Não vou perder mais tempo com você". Então pegou três dardos e com eles traspassou o coração de Absalão, quando ele ainda estava vivo na árvore. E dez dos escudeiros de Joabe cercaram Absalão e acabaram de matá-lo (2Samuel 18:9, 14-15).

Há uma grande ironia na morte de Absalão. Preso e pendurado exatamente por aquilo de que ele tanto se orgulhava. Os homens de Davi deram cabo dele e o enterraram embaixo de uma pilha de pedras.

Então, meninas, como podemos atravessar os tempos difíceis? O que fazer quando o caminho à frente é longo? Como glorificar a Deus em uma situação de dificuldade?

Adorando, mesmo quando não há luz no caminho ou uma aurora no horizonte.

Por quê?

Porque Deus é digno da nossa mais profunda devoção, e ele é fiel.

Vamos nos unir ao nosso irmão Davi e dizer com ele: "Eu me deito e durmo, e torno a acordar, porque é o Senhor que me sustém".

Amém, Davi!

Enquanto escrevo, há uma longa estrada a ser percorrida à frente nesse processo de falência. Essa é uma jornada que eu jamais quis empreender. Com certeza não é algo de que eu me orgulhe, então por que compartilhei essa história? Todas nós estamos passando por alguma coisa. Quero que você saiba que não está só. O inimigo adoraria nos isolar e nos fazer acreditar que a vida está indo perfeitamente bem para todas nós. Isso não é verdade. Talvez você esteja em um momento assim agora mesmo. Pode ser um problema de saúde ou uma preocupação com um ente querido ou qualquer dos inúmeros desafios da vida. Então, como resistir nos dias que nunca sonhamos que aconteceriam? Começo cada dia com este versículo:

Faze-me ouvir do teu amor leal pela manhã,
pois em ti confio.
Mostra-me o caminho que devo seguir,
pois a ti elevo a minha alma.
(Salmos 143:8)

Amo esse versículo porque nele Davi diz: "Que a manhã me fale do amor infalível *de Deus*, não do meu". Você e eu falhamos, mas Deus nunca falhará conosco. Não espere que a tempestade termine antes de começar a adorar.

NOVE

O anseio por compartilhar a graça e a misericórdia que recebemos de Deus

Bendito seja o Deus e Pai de nosso Senhor Jesus Cristo, Pai das misericórdias e Deus de toda consolação, que nos consola em todas as nossas tribulações, para que, com a consolação que recebemos de Deus, possamos consolar os que estão passando por tribulações.

— *2Coríntios 1:3-4*

Sofrimento, fracasso, solidão, tristeza, desânimo e morte farão parte da nossa jornada, mas o Reino de Deus vencerá todos esses horrores. Nenhum mal pode resistir para sempre à graça![1]

— *Brennan Manning*

— VAMOS EM CARROS SEPARADOS — SUGERI A BARRY. — Encontro você lá. Então você poderá voltar direto para o escritório.

Era inverno de 2015, estávamos tendo encontros com um conselheiro matrimonial, e eu estava extremamente cansada. O peso dos gastos descontrolados que ele fizera no passado era algo que eu carregava todos os dias. Alguns dias eu tinha esperança de poder subir essa montanha intransponível, mas em outros dias eu me ressentia por ter de fazer isso.

— Eu poderia ir para casa e poderíamos ir juntos — ele retrucou.

— Não, vamos em carros separados. Poderíamos ficar irritados um com o outro — revidei.

— Você já está prevendo que vamos nos aborrecer? — ele perguntou. Eu ouvi o nó em sua voz.

— Talvez. — Desliguei.

Verão de 1994

Estávamos sentados no escritório do nosso conselheiro matrimonial, com enormes sorrisos estampando nossos rostos.

— Vocês marcaram uma data para o casamento? — perguntou o conselheiro.

— Sim. 3 de dezembro — Barry respondeu.

— Então, nada de vestido sem manga para você, suponho — disse ele com um sorriso.

— Não sou muito do tipo sem manga — respondi. — Meus braços balançam embaixo.

— Não, não balançam não — disse Barry, olhando para mim através das grossas e embaçadas lentes do amor.

— Então, digam-me — o conselheiro continuou — quais são as características mais importantes para cada um de vocês em um parceiro?

Sinto vergonha de admitir, mas não me lembro de nada do que Barry disse. Lembro-me do que eu disse. Que engraçado isso!

— Somente duas coisas realmente importam para mim — eu disse. — Tudo o mais é negociável. Primeiro, é muito importante permanecermos íntimos e conectados. E segundo, nunca gastarmos mais do que temos e dizimarmos mais do que 10%.

— Parece razoável — ele disse. — O que você acha Barry?

— Ótimo! O que mais? — Barry perguntou.

— Gostaria que pudéssemos dizimar 40% da nossa renda.

— Uau! Isso é muito, mas com certeza! — Barry segurou a minha mão. Seus olhos fizeram a promessa.

Começamos muito bem. Nós nos conectávamos em um nível profundo e nosso amor crescia mais e mais a cada ano. Certamente tínhamos nossas brigas e problemas, mas a vida era boa. O dinheiro? Bem, tudo parecia estar indo bem. Eu era responsável por pagar todas as contas, já que Barry não é uma pessoa muito detalhista.

Isso mudou um dia, durante o almoço, quando falávamos com um amigo que também é conselheiro. Não me lembro de como a conversa passou para as finanças, mas ele perguntou quem cuidava do dinheiro em nossa casa. Dissemos que eu fazia isso. Ele perguntou a Barry como ele se sentia a respeito disso, e Barry confessou que isso fazia com que ele se sentisse um pouco castrado.

— Você quer assumir as nossas finanças? — perguntei.

— Eu adoraria — ele disse.

Não estou certa de quando as coisas começaram a sair dos trilhos.

As más escolhas começam lentamente. Infidelidade, alcoolismo, gastos excessivos, vício em trabalho, ou qualquer outro de uma infinidade de males que podem corroer o revestimento interno do melhor dos relacionamentos, geralmente começam de formas pequenas e controláveis. Nós os percebemos, mas eles são fáceis de justificar.

- “Meu marido não me ouve mais, então é bom ter alguém com quem conversar no trabalho.”
- “Preciso apenas de uma bebida para relaxar.”
- “Se tivéssemos apenas mais isto, a casa seria perfeita.”

- "Consigo produzir mais no escritório depois que todos foram embora."

Não creio que ninguém acorde uma manhã e pense: *Este seria o dia perfeito para colocar meu casamento em perigo!* Mas se a situação sair do controle, o menor escorregão pode causar uma avalanche.

Nos primeiros anos, isso começou com o desejo de ter o carro perfeito, depois a casa perfeita. Depois, quando aquela casa provou ser menos que perfeita, nós nos mudamos novamente. Então precisávamos de uma casa maior, com mais móveis.

Tivemos um confronto terrível no dia do meu aniversário de cinquenta anos. Minha irmã, Frances, e minha mãe, Betty, vieram da Escócia nos visitar para celebrar conosco, e Barry pediu que elas me levassem para tomar um chá da tarde, a fim de que ele pudesse preparar minha surpresa. Eu não tinha ideia do que poderia ser.

Algumas semanas antes, Barry estivera folheando uma revista e me mostrou uma foto de uma cama italiana pintada à mão. Ele me perguntou se eu gostava dela. Disse a ele que a achava adorável, mas nós tínhamos uma linda cama nova, então eu não queria outra. Mas naquele dia, quando voltamos para casa, Barry pediu-me para fechar os olhos. Ele me levou para o nosso quarto. Abri os olhos e vi a cama italiana nova, duas mesinhas de cabeceira novas, e uma cômoda italiana pintada à mão. Irrompi em prantos.

— O que há de errado? — ele perguntou. — Este é o seu presente de aniversário!

— Barry, isto é para você. Isto não é para mim! — gritei.

Não foi um bom aniversário.

Algumas das perguntas mais difíceis que tive de fazer a mim mesma quando finalmente comecei a entender o volume da dívida que tínhamos foi: "Onde eu estava quando isto aconteceu?" e "Por que eu não fiz alguma coisa ou disse algo?" É muito mais fácil atribuir a culpa a ele do que me considerar responsável pelo papel que desempenhei ou me recusei a desempenhar. Sim, Barry havia feito empréstimos e gastado muito dinheiro em coisas que não precisávamos, mas eu havia assinado os papéis. Eu estava lá quando as coisas foram entregues. Às vezes eu falava, mas nunca de uma maneira que ajudasse. Eu havia permitido que as coisas se acumulassem dentro de mim, esperado até que estivesse muito furiosa, e depois descontado nele.

Perguntei a mim mesma muitas vezes por que vivi daquele jeito por tanto tempo em nosso casamento. Parte disso é que eu detestava quando tínhamos confrontos. Barry ficava na defensiva e diminuía a importância do que havia gasto. Quando se sentia atacado ele se fechava, e eu me sentia sozinha. Levamos anos para aprender a arte de nos sentarmos como dois adultos maduros e encarar os problemas reais juntos.

Barry é um perfeccionista. Essa é uma maneira angustiante de viver, porque somos todos fatalmente imperfeitos. Ele é muito ligado em designers e marcas, por isso decidi ver se eu conseguia enganá-lo em um aniversário. Sem chance! Comprei uma jaqueta barata e mandei lavá-la a seco. Então removi a etiqueta de uma de suas jaquetas caras com cuidado e preguei-a cuidadosamente na jaqueta barata. Ele abriu a caixa, sentiu o tecido, e disse: "Você não está enganando ninguém!" Droga!

Não sei se você é fã da série de comédia *Raymond e companhia*. Nós adoramos e assistimos a todos os episódios tantas vezes que decoramos as falas! Uma das coisas que não faziam sentido para mim a princípio era o fato de que Marie (a mãe) ainda tinha a cobertura de plástico no sofá que eles compraram havia anos. Quanto mais tempo tínhamos de casados, mais comecei a perceber que o sofá de Marie seria o lugar feliz de Barry! Ainda temos duas cadeiras nas quais nenhum de nós jamais se sentou. Aparentemente estamos esperando uma visita da Rainha.

De vez em quando tento ajudá-lo a relaxar. Você não sabe que ele simplesmente adora isso?! Há alguns anos comprei um carro novo. É adorável o cheiro de carro novo e seu interior brilhoso. Mas eu sabia que pelo menos durante o primeiro ano, Barry iria querer que eu estacionasse cerca de 800 metros distante do carro mais próximo. Assim, no dia em que levei o carro para casa, pedi a ele para sair. Peguei uma pedra pequena e atirei-a na porta do lado do motorista, fazendo um pequeno *plim*. Tenho certeza de que minha mãe ouviu claramente as reclamações de Barry, chocado, lá na Escócia.

— Pronto! — eu disse. — Ele não é mais perfeito. Agora posso estacionar como uma pessoa normal.

Não foi muito gentil, mas funcionou.

Parte dos problemas de Barry é o fato de que seus pais o amavam, mas o sufocavam. Eles esperaram onze anos até sua mãe ficar grávida, e quando ele chegou, eles decidiram que nada de mau jamais aconteceria com ele. Ele nunca tinha permissão para dormir na casa de um amigo, praticar esportes ou qualquer coisa que parecesse arriscada. Em vez disso, eles lhe compravam coisas, muitas coisas. Então, para Barry, as "coisas" representavam amor.

Parte dos meus problemas é o fato de que eu tenho a expectativa de ser magoada. Deus em sua grande graça e misericórdia me curou de muitas coisas, mas escondida em algum lugar ainda há um pouco da menina de cinco anos esperando para ser traída e abandonada. Isso também significa que quando eu realmente me sinto traída, carrego uma enorme carga de bagagem comigo. Não é justo, mas é verdade.

Enquanto eu dirigia para me encontrar com Barry no escritório do nosso conselheiro, resisti à tentação de ligar o rádio e abafar meus pensamentos. Em vez disso, falei com meu Pai.

Não sei o que fazer aqui, orei silenciosamente. *Não é como se ele tivesse feito uma pequena má escolha, ou uma única escolha ruim. As decisões dele nos afetarão por anos. Eu só pedi duas coisas, apenas duas coisas, mas este caos financeiro perturbou as duas. Estou tentando não ficar irada, mas estou irada. Quem precisa de cinco sofás? Quem em plena consciência tem um lustre em cima da banheira? O eletricista me fez assinar um documento que diz que se ele cair e eu for eletrocutada, minha família não irá processá-lo! Estou envergonhada, Senhor. Tu nos deste tanto, e erramos feio. Se ele não mudar, então quando Christian for para a faculdade no outono, vou morar em um pequeno apartamento sozinha! Ainda estaremos casados e ele pode ir me visitar, mas o meu lugar modesto será uma zona livre de lustres.*

Duas pessoas. É assim que costumo me sentir. Uma acredita em Deus para tudo e confia que aconteça o que acontecer, Deus é bom. Ele está ao nosso lado e está no controle. A outra entra em pânico e quer se proteger. Ela ainda é a garotinha que acredita que está sozinha.

Você costuma se sentir assim? Parte de você é cheia de fé, confiante na bondade de Deus, mas ainda há uma parte que entra em pânico quando as coisas desmoronam.

Pode ser um filho que se desviou da fé. Você ora e entrega aquele filho a Deus, mas parte de você ainda se sente compelida a tentar consertá-lo por si mesma, embora no passado isso tenha piorado as coisas ainda mais.

Pode ser a perda de um emprego. Você conhece o versículo que diz que Deus suprirá todas as suas necessidades de acordo com as suas grandes riquezas (ver Filipenses 4:19), mas será que ele viu o saldo da conta corrente recentemente?

Talvez seu marido não queira ir à igreja com você. Você ora por ele, acreditando que Deus é o Único que pode transformar um coração, mas depois volta a tentar fazê-lo entrar no Reino importunando-o.

Esse tipo de fé vacilante é um dilema com o qual o grande apóstolo Paulo lidou também. "Assim, encontro esta lei que atua em mim: Quando quero fazer o bem, o mal está junto a mim. No íntimo do meu ser tenho prazer na Lei de Deus; mas vejo outra lei atuando nos membros do meu corpo, guerreando contra a lei da minha mente, tornando-me prisioneiro da lei do pecado que atua em meus membros. Miserável homem que eu sou! Quem me libertará do corpo sujeito a esta morte?" (Romanos 7:21-24).

Estava chovendo quando encostei o carro no estacionamento do conselheiro. O carro de Barry já estava lá, e ele já havia entrado. Fiz uma oração que nunca havia feito antes.

Deus, por favor, me controle. Deixe que o seu amor e a sua graça falem mais alto que a minha história.

Abri a porta do escritório e entrei na sala de espera do conselheiro. (Creio que a esta altura você já sabe que eu frequento conselheiros). Barry estava sentado no sofá. Juntei-me a ele do outro lado, mas não lhe disse nada. Pensei comigo mesma: *Eu me pergunto se o conselheiro gostaria de outro sofá, ou de um belo lustre!* Havia revistas espalhadas pela mesa, exemplares antigos da *National Geographic* e da *Casa e Jardim.* Agarrei essa antes que Barry tivesse mais ideias.

Finalmente nosso conselheiro, um homem alto na casa dos sessenta anos, abriu a porta do escritório e nos convidou a entrar. Ele tem um rosto gentil, e sempre pensa antes de falar. Essa era a nossa terceira visita. Ele perguntou a nós dois como as coisas estavam desde nosso último encontro.

— Bem — eu disse — mas estive fora do país, então isso provavelmente não conta.

Então o conselheiro perguntou a Barry como ele estava.

— Terrível — ele disse. — Todos os dias acordo sabendo do dano que causei à nossa família. É como um peso de chumbo na boca do meu estômago.

— Isso é muito para suportar — o conselheiro concordou.

— E o pior é que não posso consertar — disse Barry. — Posso mudar de agora em diante, mas não posso desfazer o passado.

Nosso conselheiro ficou em silêncio por um instante. Então ele falou.

— Perguntaram a um homem: "Quem é a sua pessoa favorita nesta terra?" O homem respondeu: "Meu alfaiate, porque todas as vezes que me vê, ele toma medidas novas".

Ninguém disse nada por alguns instantes, enquanto as palavras dele pairavam no ar entre nós. Era uma analogia muito simples. O alfaiate nunca julgava o homem pelo que ele era há uma semana ou há um ano, mas somente por suas medidas naquele dia.

Essa imagem cheia de graça nos atingiu como uma onda de misericórdia. Barry olhou para mim com lágrimas nos olhos.

O conselheiro perguntou?

— Você pode ser como esse alfaiate, Sheila?

Eu sabia a resposta.

— Sim, — eu disse — posso fazer isso!

É difícil transmitir para o papel o impacto desse quadro tão simples. Não havia nada de especificamente "cristão" na analogia, mas para mim ela personificava o Evangelho. O apóstolo Paulo pareceria concordar: "Portanto, se alguém está em Cristo, é nova criação. As coisas antigas já passaram; eis que surgiram coisas novas!" (2Coríntios 5:17).

Se Cristo removeu nosso pecado para além do nosso alcance, como eu poderia fazer menos que isso? Se a vida de Barry havia sido renovada diante dos meus olhos, como eu poderia continuar lembrando a ele a sua vergonha? Deus não faz isso.

Pois como os céus se elevam acima da terra,
assim é grande o seu amor para com os que o temem;
e como o Oriente está longe do Ocidente,

assim ele afasta para longe de nós as nossas transgressões.
Como um pai tem compaixão de seus filhos,
assim o SENHOR tem compaixão dos que o temem.
(Salmos 103:11-13)

Davi escreveu esse salmo a partir de um lugar profundo, do lugar da graça compreensiva. Muitas vezes pensamos que a graça é um conceito do Novo Testamento, mas de Gênesis a Apocalipse, a graça transborda.

Tomar posse da verdade contida em um único salmo poderia alterar a trajetória da sua vida. Novas medidas... Guardei aquela imagem comigo. Há momentos na vida em que fico profundamente impactada por um instante, mas isso não dura. Não foi o caso aqui. Para mim, o alfaiate é uma imagem da graça. Todas as vezes que a graça abre a porta para nós, é como se estivéssemos nos encontrando pela primeira vez. Deus não fica apegado a como falhamos há um ano ou mesmo na noite passada. A partir do momento em que confessamos o nosso pecado, ele se foi, e podemos começar outra vez.

Não sei o que a oprime. Não sei que remorsos você tem, mas sei disto: até que seja capaz de permitir que a graça se derrame sobre você vez após vez, não poderá compartilhar esse tipo de graça com ninguém. A graça é particular ao cristianismo. Não há outro sistema de crença religiosa no passado ou no presente que contenha uma ênfase tão significativa na graça divina. Algumas das religiões mais radicais exigem até que seus seguidores morram por sua fé para provar sua obediência. *Somente no cristianismo nosso Deus morreu por nós para demonstrar a sua graça.*

Embora digamos que acreditamos na maravilhosa graça de Deus e tenhamos cantado hinos sobre isso por anos, nosso comportamento nem sempre sustenta as nossas convicções. Creio que consideramos a graça em sua forma mais pura um pouco desconcertante. A graça é ofensiva para nós porque ela não é justa.

Você se lembra da história que Jesus contou sobre a injustiça da graça? É uma passagem extensa, mas que vale a pena analisá-la porque ela ilustra perfeitamente como temos dificuldades com a graça.

> Pois o Reino dos céus é como um proprietário que saiu de manhã cedo para contratar trabalhadores para a sua vinha. Ele combinou pagar-lhes um denário pelo dia e mandou-os para a sua vinha.
>
> Por volta das nove horas da manhã, ele saiu e viu outros que estavam desocupados na praça, e lhes disse: "Vão também trabalhar na vinha, e eu lhes pagarei o que for justo". E eles foram. Saindo outra vez, por volta do meio-dia e das três horas da tarde, fez a mesma coisa.
>
> Saindo por volta das cinco horas da tarde, encontrou ainda outros que estavam desocupados e lhes perguntou: "Por que vocês estiveram aqui desocupados o dia todo?"
>
> "Porque ninguém nos contratou", responderam eles.
>
> Ele lhes disse: "Vão vocês também trabalhar na vinha".
>
> Ao cair da tarde, o dono da vinha disse a seu administrador: "Chame os trabalhadores e pague-lhes o salário, começando com os últimos contratados e terminando nos primeiros". Vieram os trabalhadores contratados por volta das cinco horas da tarde, e cada um recebeu um denário. Quando vieram os que tinham sido contratados primeiro, esperavam receber mais. Mas cada um deles também recebeu um denário. Quando o receberam, começaram a se queixar do proprietário da vinha, dizendo-lhe: "Estes homens contratados por último trabalharam apenas uma hora, e o senhor os igualou a nós, que suportamos o peso do trabalho e o calor do dia".
>
> Mas ele respondeu a um deles: "Amigo, não estou sendo injusto com você. Você não concordou em trabalhar por um denário? Receba o que é seu e vá. Eu quero dar ao que foi contratado por último o mesmo que lhe dei. Não tenho o direito de fazer o que quero com o meu dinheiro? Ou você está com inveja porque sou generoso?"

"Assim, os últimos serão primeiros, e os primeiros serão últimos" (Mateus 20:1-16).

Não gostamos disto, não é mesmo? Isso simplesmente nos parece errado. Como alguém pode aparecer no último minuto e receber exatamente tanto quanto aquele que esteve no campo, suando, desde o nascer do sol?

Como pode "aquela mulher" que destruiu seu casamento e depois supostamente se arrependeu e pediu perdão, ser tão bem-vinda na comunhão quanto você?

Como pode um assassino encontrar salvação em Cristo momentos antes de sua execução e ser tão bem-vindo no céu quanto aqueles que serviram ao Senhor fielmente por toda a vida?

Como pode um entre dois ladrões ser executado ao lado do Cordeiro de Deus sem pecado e ouvir esta notícia radical quando lhe restavam minutos de vida: "Eu lhe garanto: Hoje você estará comigo no Paraíso" (Lucas 23:43).

O amor de Deus nunca se baseou no nosso comportamento, bom ou mau. Ele sempre se baseou na sua natureza. Então, como começamos realmente a entender isso? Compreender a graça é a obra de Deus em nossas vidas, e cada uma de nós percorre a sua própria jornada para compreendê-la. A minha veio em uma pequena igreja episcopal na cidade de Washington, quando eu estava no ponto mais baixo da minha vida.

Entreguei minha vida a Cristo aos onze anos de idade e estive muito envolvida na igreja ao longo dos anos da minha adolescência. Nunca me rebelei, mais por medo do que por fé. Eu não queria que Deus parasse de me amar como parecia que meu pai havia feito. Fui para o seminário, juntei-me à Juventude para Cristo, e depois me mudei para os Estados Unidos. Trabalhei com o Dr. Billy Graham em suas cruzadas e depois passei cinco anos como uma das apresentadoras do programa *Clube 700.*

Meu objetivo ao reiterar tudo isso é mostrar que eu nunca vi realmente a necessidade que tinha da graça. Fazia sentido para mim que se você se envolvesse em pecado sexual, bebesse até se embriagar ou enfiasse o seu nariz em outras coisas que não fosse um lenço de papel, então, é claro, você precisava da graça. Eu era apenas uma boa garotinha assustada. Por que eu precisaria da graça?

Foi apenas quando me sentei na última fileira daquela igreja em Washington, em uma manhã de setembro de 1992, que comecei a finalmente entender. Enquanto eu estava sentada ali, durante uma licença de um dia do hospital psiquiátrico, com tudo o que eu havia trabalhado tanto para manter em ruínas aos meus pés, as palavras de um hino que minha avó costumava cantar para mim quando eu era criança ecoaram dentro do meu coração ferido.

Nada em minhas mãos eu levo
Simplesmente à tua cruz me apego
Nu, venho a ti para ser vestido
Impotente, busco a tua graça
Imundo, para a tua fonte corro
Lava-me, Salvador, ou morro.[2]

Finalmente entendi. Nada em minhas mãos eu levo — nada! Eu estava indo a Deus com as mãos cheias das coisas que havia feito para ele por anos. Essa é uma maneira exaustiva de viver, com a qual punimos a nós mesmas, mas simplesmente apegar-se à cruz... Isso é graça.

Eu não sou a boa nova. Jesus é.

Eu nunca havia sido e nunca seria. A graça sempre se resumiu a Jesus. É incrível como às vezes Deus pode levar você para uma prisão (ou para uma ala psiquiátrica) para libertá-la.

* * *

Enquanto eu estava sentada no escritório do conselheiro naquele dia de inverno, em 2015, quando o conselheiro perguntou: "Você poderia fazer isso, Sheila?" a razão pela qual eu disse sim com tudo o que havia em mim foi porque eu finalmente me lembrei do que havia esquecido. Lembrei-me da graça que havia me trazido de volta à vida por meio do amor, em 1992. Então, como eu poderia dizer não a Barry?

Amo quando o Espírito Santo impulsiona o nosso coração e a nossa mente e, em um instante, o caminho à frente se torna claro. Eu me pergunto se foi isso que aconteceu com o rei Davi. De todas as histórias sobre a graça encontradas na Palavra de Deus, a que mais me emociona, além da cruz de Cristo, está escondida no fundo do coração da história de Davi. É uma passagem obscura sobre um homem cujo nome ainda não consigo pronunciar, Mefibosete. A história dele está no capítulo 9 de 2Samuel, durante o ponto mais alto do reinado de Davi, imediatamente antes de seu pecado com Bate-Seba.

O exército israelita havia destruído milhares de inimigos. Lemos que: "O Senhor dava vitórias a Davi em todos os lugares aonde ia" (2Samuel 8:14). Israel nunca havia estado mais forte. Quando Davi dedicou um tempo para refletir sobre o passado, ele se lembrou da promessa que havia feito a seu melhor amigo, Jônatas.

Você se lembra do incidente no campo, quando Jônatas disse a Davi que mandaria um sinal por flechas para que ele soubesse se era seguro voltar ao palácio ou não? "E Jônatas disse a Davi: 'Pelo Senhor, o Deus de Israel, prometo que sondarei meu pai, a esta hora, depois de amanhã! Saberei se as suas intenções são boas ou não para com você, e mandarei avisá-lo. E, se meu pai quiser fazer-lhe mal, que o Senhor me castigue com todo o rigor, se eu não lhe informar disso e não deixá-lo ir em segurança. O Senhor esteja com você assim como esteve com meu pai. Se eu continuar vivo, seja leal comigo, com a lealdade do Senhor; mas se eu morrer, jamais deixe de ser leal com a minha família, mesmo quando o Senhor eliminar da face da terra todos os inimigos de Davi'" (1Samuel 20:12-15).

Era costume naqueles dias que quando um novo rei subia ao trono, todos os descendentes do rei anterior eram mortos para remover a mínima possibilidade de uma revolta. Jônatas pediu a Davi para demonstrar graça para com sua família em uma situação sem antecedentes. Davi disse que o faria.

Davi não apenas fez uma promessa a seu amigo querido; ele também fez uma promessa a Saul, o pai de Jônatas. "Agora tenho certeza de que você será rei e de que o reino de Israel será firmado em suas mãos. Portanto, jure-me pelo SENHOR que você não eliminará meus descendentes nem fará meu nome desaparecer da família de meu pai". A Bíblia nos diz que então "Davi fez seu juramento a Saul" (1Samuel 24:20-22).

Cumprir uma promessa como essa teria significado pouco para Saul, mas Davi era um homem de palavra. O que ele poderia fazer agora para honrar sua promessa? Saul e Jônatas estavam mortos. Que Davi soubesse, não havia sobreviventes na linhagem deles. Davi decidiu que iria descobrir. "Resta ainda alguém da família de Saul a quem eu possa mostrar lealdade, por causa de minha amizade com Jônatas?" (2Samuel 9:1). Você pode ver a graça escondida aqui? Ele não perguntou se restava algum nobre; ele perguntou se havia *alguém*. A graça diz: "Venha como está".

Davi mandou chamar Ziba, um dos antigos servos de Saul, e perguntou-lhe se ele conhecia alguém da linhagem de Saul que ainda estivesse vivo. "Ainda há um filho de Jônatas, aleijado dos pés" (2Samuel 9:3). Eu me pergunto por que ele contou esse detalhe ao rei. Será que ele estava tentando dizer a Davi que aquele homem aleijado não tinha lugar em seu adorável palácio? Aquele homem, Mefibosete, era o único sobrevivente da linhagem do rei Saul. Ele havia sofrido muito ao longo de sua vida.

Em 2Samuel 4:4 vemos o que aconteceu com ele: "Jônatas, filho de Saul, tinha um filho aleijado dos pés. Ele tinha cinco anos de idade quando chegou a notícia de Jezreel de que Saul e Jônatas haviam morrido. Sua ama o apanhou e fugiu, mas, na pressa, ela o deixou cair, e ele ficou manco. Seu nome era Mefibosete". Você pode imaginar a cena? A ama não sabia nada sobre a promessa feita a Saul ou a Jônatas. Quando ouviu que ambos estavam mortos, ela simplesmente soube que tinha de tirar o menino do palácio antes que os homens de Davi matassem aquele que agora seria o herdeiro do trono. Não sabemos se ela tropeçou ou se ele se debateu, mas o menino caiu com tanta força que quebrou as pernas e ficou aleijado desde então.

Mefibosete vivia em um lugar chamado Lo-Debar, que traduzido significa "não há pastagens". Durante anos ele havia ficado escondido em um lugar sem pastos, até que a graça veio procurar por ele. Não consigo imaginar o que ele deve ter pensado quando os homens de Davi bateram à porta. Talvez, assim como eu, ele tivesse passado anos esperando que algo acontecesse, esperando ser descoberto e morto, e agora o que ele temia acontecera. Mefibosete curvou-se até o chão, esperando o pior. Sabemos disso por causa da reação de Davi: "Não tenha medo, disse-lhe Davi, pois é certo que eu o tratarei com bondade por causa de minha amizade com Jônatas, seu pai. Vou devolver-lhe todas as terras que pertenciam a seu avô Saul, e você comerá sempre à minha mesa" (2Samuel 9:7).

Ele podia ver o medo gravado no rosto daquele homem sofrido, mas a graça envolveu aquele homem aleijado completamente. Sua vida não apenas seria poupada, como tudo o que pertencia a seu avô agora seria dele. Mas a graça foi ainda maior que isso. Foi oferecido a ele um assento à mesa do rei Davi. Ele era bem-vindo em casa, como família.

Não é isso que todas nós queremos? Queremos ser desejadas, pertencer a algum lugar, receber o que sabemos que não merecemos, mas ansiamos por ter. Você pode imaginar a cena na hora do jantar? Davi está sentado à cabeceira; Amnom está sentado com Absalão, Tamar e Salomão, e então, como Chuck Swindoll escreveu: "Eles ouvem aquelas batidas — pam, pam, pam, pam — e lá vem Mefibosete se arrastando.

Ele sorri e se junta humildemente aos outros ao tomar seu lugar à mesa como um dos filhos do rei. E a toalha da graça cobre seus pés".[3]

Que bela imagem! Assim como Davi derramou graça sobre seu filho por amor a Jônatas, do mesmo modo Deus, por seu amor por Cristo, nos dá um lugar à sua mesa como filhos e filhas. Somos convidados a vir como estamos, com as nossas muletas, mancando e sem nenhuma qualificação. Davi poderia ter devolvido a riqueza de Saul a Mefibosete e o mandado ir embora, mas ele fez muito mais que isso. Ele fez de Mefibosete um filho.

Quando esse tipo de graça lhe é demonstrada, você anseia com compartilhá-la com os outros. Como eu disse antes, duas semanas depois de ter sido liberada do hospital psiquiátrico em princípios dos anos 90, Ruth Bell Graham convidou-me para passar alguns dias em sua casa na Carolina do Norte. Voei para o aeroporto de Asheville. Uma pessoa da equipe deles me pegou e me levou de carro pelo percurso de trinta minutos até a casa deles no alto das montanhas. Ruth encontrou-me no portão e me apresentou aos seus dois pastores alemães. Aparentemente era importante que eles soubessem que eu era uma amiga. Amém a isso!

Era uma tarde adorável, de modo que nos sentamos do lado de fora em cadeiras de balanço, tomando chá gelado e desfrutando o silêncio. Ruth pôde ver que eu estava cansada, então depois do jantar ela me levou até o meu quarto e perguntou se eu gostaria de tomar uma xícara de chá. Essa é uma lembrança que guardo com carinho. Havia uma cama alta com pequenos degraus de madeira ao lado e lençóis brancos refrescantes que Ruth me disse que havia comprado na Suíça.

Eu estava enfiada na cama quando ela voltou com o meu chá e perguntou se podia ler para mim. Ruth sentou-se aos pés da cama com um velho livro escocês, *Beside the Bonnie Brier Bush* [Junto ao fresco arbusto da sarça], de Ian Maclaren. Ela folheou as páginas gastas até encontrar o que estava procurando. "A Transformação de Lachlan Campbell". Ruth perguntou-me se eu conhecia a história, mas eu não a conhecia. Então ela disse: "É sobre uma jovem, Flora Campbell, cuja mãe havia morrido. Seu pai rígido e julgador, Lachlan, agora a criava. A casa deles era um lugar destituído de graça, de modo que um dia Flora fugiu para Londres. Seu pai ficou tão furioso que retirou o nome dela da Bíblia da família. Ela estava sozinha e desamparada em Londres".

"Uma noite ela entrou em uma igreja", Ruth continuou. Então, ela começou a ler:

> Talvez você saiba que uma corça ferida tentará se esconder, e eu entrei nas sombras de uma igreja, e chorei. Então as pessoas, o barulho e as casas passaram como a névoa na colina, e eu estava andando para a igreja com meu pai, ah, sim, e eu vi todos vocês nos seus lugares, e ouvi os Salmos, e pude ver pela janela os campos verdes e as árvores à beira do pântano. E vi minha casa, com os cães diante da porta e as flores que plantei, e o cordeiro vindo para tomar seu leite, e me ouvi cantando, e despertei. Mas havia canto, ah sim, e muito lindo, pois a igreja escura estava aberta, e a luz caía sobre a minha cabeça... E este era o hino — "Há uma fonte cheia de sangue."

Ruth fez uma pausa por um instante. "A vida é insuportável sem a graça", ela disse. "Ambas precisavam dela, a filha e o pai. Esta é a minha parte favorita, quando Flora volta para casa". Ela continuou a ler:

> Quando ela chegou à porta, sua força havia desaparecido e ela não conseguiu bater. Mas não houve necessidade, pois os cães, que nunca esquecem nem lançam fora, estavam lhe dando as boas-vindas saltitando alegremente de prazer, e ela pôde ouvir seu pai mexendo no trinco, e não dizendo nada a não ser "Flora, Flora".
>
> Ela havia preparado uma espécie de discurso, mas a única palavra que disse foi: "Pai", pois Lachlan, que nunca a havia beijado durante todos os dias de sua juventude, envolveu-a nos braços e soluçou bên-

> ços sobre a sua cabeça, enquanto os cães lambiam suas mãos com suas línguas macias e gentis.[4]

Nunca me esquecerei daquela noite ou da graça que foi derramada sobre mim por Ruth. Quando parti, ela me entregou seu exemplar do livro.

Quando cheguei em casa após voltar do nosso encontro com o conselheiro naquele dia, em 2015, peguei o livro de Ruth e folheei mais uma vez as páginas gastas até encontrar a história de Lachlan e Flora. Ela termina assim:

Flora Campbell.
Desaparecida em abril de 1873.
Encontrada em setembro de 1873.
"Seu pai debruçou-se sobre seu pescoço e a beijou."[5]

A história de Flora é a história do filho pródigo. É a história da filha perdida. É a história de qualquer pessoa que anseia por graça, e quando a graça a encontra, você não pode guarda-la só para si. Ela precisa ecoar como sinos de igreja: *eu estava perdida, mas agora fui achada*. Eu sabia que havia sido perdoada de muitas coisas, e como uma menina banhada pelos elogios de seu pai, eu ansiava por ficar naquele lugar para poder então derramar essa mesma graça e bondade sobre Barry, para que ele começasse de novo. Eu havia recebido esse mesmo presente antes de conhecê-lo. Esse tipo de graça mudou a trajetória da minha vida, e fez de mim quem eu me tornaria.

A verdade é que, por ter sido tão radicalmente envolvida pela graça, não quero viver destituída dela. É difícil ver Barry como o alfaiate o vê, medi-lo hoje em vez de trazer à tona a bagagem do passado? Sim, é difícil. Mas naquele escritório de aconselhamento, segurei e mão do meu marido e fiz uma promessa. E pela graça de Deus, pretendo cumpri-la.

DEZ

O anseio por Deus somente

Ó Deus, tu és o meu Deus,
eu te busco intensamente;
a minha alma tem sede de ti!
Todo o meu ser anseia por ti,
numa terra seca,
exausta e sem água.
Quero contemplar-te no santuário
e avistar o teu poder e a tua glória.
O teu amor é melhor do que a vida!
Por isso os meus lábios te exaltarão.

— *Salmos 63:1-3*

E este Deus, o Deus vivo, o seu Deus, o nosso Deus, está em mim, está em você, vive em nós, e nós vivemos e nos movemos e existimos nele. E ele está em nós em virtude da fome, do anseio que temos por ele. Ele próprio está criando o anseio por ele mesmo.[1]

— *Miguel de Unamuno*

* * *

SEU NOME É BIG BILLY. ELE É O URSINHO DE PELÚCIA que tenho desde os dois anos, que sorri para mim da segunda prateleira da estante do meu estúdio enquanto escrevo. Creio que ele tinha pelo, mas agora, como o Cavalo de Pele do livro *O coelho de pelúcia*, ele foi tão amado que perdeu todo ele.

Morei em cinco países e em um número de casas muito maior, e ao longo do caminho, os estilos de móveis mudaram, o estilo de vida foi minimizado ou ampliado, malas de coisas foram doadas para o Exército da Salvação, mas o Big Billy permanece. Ele é uma das poucas coisas, depois da minha família e dos cães, que eu pegaria se um dia fosse ameaçada por um incêndio. Às vezes eu gostaria que ele pudesse falar. Sei que eu sussurrava coisas para ele quando criança que adoraria lembrar agora. Você tem um Big Billy? Talvez para você tenha sido um cobertor ou algum outro brinquedo.

Minha primeira turnê pelos Estados Unidos em fins dos anos 1980 foi com o lendário guitarrista Phil Keaggy. Sua esposa, Bernadette, e sua primeira filha, Alicia, viajaram conosco. Ela tinha dois anos. Em todos os lugares aonde Alicia ia, a Senhorita Ratana a acompanhava. Ela arrastava essa amada ratinha de vestido por poças de lama, derramava suco sobre ela e sujeitava a pobre ratinha empalhada aos muitos rigores da vida na estrada. Preocupada que Senhorita Ratana pudesse se perder pelo caminho, Bernadette comprou outra de reserva.

Um dia ela retirou a verdadeira ratinha e colocou a impostora na cama de Alicia para ver se ela seria aceita. Estou certa de que a avó de Alicia ouviu os gritos dela em Youngstown, Ohio. "Esta não é a minha Senhorita Ratana!"

Por que você acha que fazemos isso quando crianças? Por que nos apegamos a uma coisa que nos traz tanto consolo? Creio que esse é o primeiro sinal de que ansiamos por Deus. Nascemos com um profundo anseio inato dentro de nós de estarmos conectados com alguma coisa ou alguém que nos entenda completamente. É um anseio que começou no jardim do Éden. Quando o relacionamento perfeito e íntimo que Adão e Eva tinham com Deus se rompeu, o anseio teve início. Antes desse momento devastador, não havia anseio porque Deus andava conosco na viração do dia. A vida em comunhão com o nosso Criador era como devia ser. Nossos corações não tinham um buraco porque Deus era tudo para nós. Ele andava conosco. Essa lembrança distante ainda percorre o nosso DNA.

Existe uma citação que já foi atribuída a G. K. Chesterton, Francisco de Assis e a Agostinho, mas a única fonte documentada que consigo encontrar está no livro *The World, The Flesh, and Father Smith* [O mundo, a carne e Padre Smith], de Bruce Marshall (1945). Ela diz: "O jovem que toca a campainha do bordel está inconscientemente procurando por Deus".[2] Na primeira vez que ouvi um conferencista citar essa frase, pensei: *Que monte de besteira! Essa é apenas uma ótima maneira de um homem justificar seu desejo sexual, dizendo: "É, eu vi uma luz vermelha, mas, na verdade, só estava procurando por Jesus!"* Mas quanto mais eu pensava sobre ela, mais acreditava que é verdade. Creio que buscamos Deus com todos os nossos anseios e todas as nossas cobiças.

A mulher que possui cem pares de sapatos em seu armário está ansiando por mais do que moda para os pés.

Aquela que estende a mão para pegar outra bebida até o dia ser apagado de sua memória está ansiando por mais do que apenas um coma alcoólico.

Quando você enfia mais um biscoito na boca, que nem tem mais um gosto bom, não é porque você está com fome de biscoitos; você está com fome de algo mais.

Aquela que toma outra pílula para dor depois que a dor se foi está tentando calar uma dor que nunca responderá permanentemente à medicação.

Quando um relacionamento decepcionante leva a outro e mais outro, mas você continua seguindo em frente, talvez não seja porque você não encontrou o cara certo ainda, mas não encontrou Aquele por quem você anseia acima de todos eles.

Todo anseio que tentamos satisfazer separados de Deus sempre irá falhar, porque, como escreveu Agostinho de Hipona: "Tu nos criaste para ti mesmo, oh, Senhor, e nosso coração não terá descanso enquanto não descansar em ti".[3]

Parece até uma pequena armadilha da parte de Deus. Ele nos colocou em um mundo cercado de um milhão e uma tentações, sabendo que nenhuma delas jamais nos satisfará completamente sem ele. Ou isso é uma armadilha, ou é a história de amor mais radicalmente bela que já se contou. Assim como Deus em Cristo nos buscou no lodo e na lama, por meio dos espancamentos e do caminho sangrento até uma cruz, ele nos chama agora para buscarmos por ele. Não apenas isso: ele promete que se o buscarmos, nós o encontraremos. Então isso não é uma brincadeira cruel. Não se trata de um técnico de laboratório atravessando uma pista de dança por causa de uma aposta, para deixar a menina deslocada de dezessete anos que eu era com mais uma razão para não confiar em ninguém. Não, essa é uma promessa escrita com o sangue do Cordeiro.

> "Porque sou eu que conheço os planos que tenho para vocês", diz o Senhor, "planos de fazê-los prosperar e não de lhes causar dano, planos de dar-lhes esperança e um futuro. Então vocês clamarão a mim, virão orar a mim, e eu os ouvirei. Vocês me procurarão e me acharão quando me procurarem de todo o coração. Eu me deixarei ser encontrado por vocês", declara o Senhor, "e os trarei de volta do cativeiro. Eu os reunirei de todas as nações e de todos os lugares para onde eu os dispersei, e os trarei de volta para o lugar de onde os deportei', diz o Senhor" (Jeremias 29:11-14).

Essa é uma linda promessa, e eu creio nela. Porém, uma coisa é acreditar que algo é verdade, outra coisa é viver, ficar e permanecer nessa verdade. Acreditei na verdade do que Agostinho de Hipona escreveu durante a maior parte da minha vida adulta, simplesmente não sabia o que fazer com isso. Como descansar em Deus? O que isso sequer significa? Sinceramente, foi isso que me levou a escrever este livro. Sei que por baixo dos escombros dos capítulos da minha história, o verdadeiro anseio do meu coração é por Deus e por ele somente.

Viajei pelo mundo durante os últimos trinta anos e falei para mais de cinco milhões de mulheres. Sei que não estou sozinha nessa busca por entender como descansar em Deus. Escutei enquanto vocês compartilharam graciosamente partes de suas histórias comigo. Vejo o ponto em comum que percorre as nossas vidas, o anseio e a dor por mais dele. Assim como eu, simplesmente não sabemos como chegar lá. Vi caminhos devastadores que algumas mulheres trilharam. As consequências são maiores para algumas do que para outras.

Se você acreditava que amor e desejo eram o que você precisava para se sentir inteira, esse anseio pode ter lhe custado seu casamento ou seu respeito próprio.

Se você acreditava que mais coisas a fariam se sentir melhor, então a dívida no cartão de crédito pode estar enrolada no seu pescoço como uma pedra de moinho.

Se a comida parecia oferecer o consolo, a amizade e a intimidade que lhe faltam, então seu corpo pode ter se tornado a prisão, o muro ao redor da sua vida.

Se você pensou que ter filhos preencheria seu vazio interior, pode estar profundamente decepcionada porque esperava que eles fossem o que somente Deus pode ser para você.

Há muitos outros cenários que eu poderia descrever, mas você conhece a sua história, as suas esperanças, os seus anseios, e o caminho que você tomou até este momento na vida. A razão pela qual enumerei alguns aqui é porque quero reconhecer que todas nós temos anseios, e embora alguns levem a sofrimentos maiores que outros, todas nós somos iguais. Nenhuma de nós está sozinha nessa necessidade universal. *Jesus veio porque* todas *nós estamos perdidas, não porque algumas de nós estamos mais perdidas do que outras.*

Você pode pensar nisso por um instante apenas? É fácil dizer que concordamos que estamos todas perdidas e dar um "curtir" nessa verdade no Instagram ou no Facebook, mas será que vivemos como se acreditássemos que é verdade? Todas nós parecemos ter um conjunto interno de escalas de justiça. Se você fosse amada corretamente quando criança, poderia conceder mais misericórdia a si mesma e aos outros. Mas se aqueles primeiros anos foram destituídos de amor ou marcados pelo tipo errado de amor, tenho certeza de que teria passado alguns dos seus anos de adulta se culpando. O problema em tentar pagar por alguma coisa que não foi sua culpa é que você não sabe quando isso termina.

Os homens parecem exibir suas inseguranças nos esportes ou em carros ou na loura que carregam ao seu lado. Mas as mulheres demonstram insegurança decidindo quem está "por dentro" e quem está "por fora". Como você sabe, as mulheres podem ser muito cruéis umas com as outras. Amamos apontar o dedo e julgar aquilo que não nos tenta como se fosse um pecado maior do que aquele que escondemos. Em outras palavras, julgamento sem perdão àquelas que pecam diferente de nós. Será que esperamos que isso nos faça sentir melhor com nós mesmas? Julgar os outros não nos fará sentir melhor. Não apenas isso, mas um dia poderemos precisar da mesma misericórdia que hoje negamos.

Como cantora e conferencista itinerante, eu era um tanto protegida do mundo das mulheres e das maneiras como lidamos umas com as outras — até Christian entrar para a escola. Então passei a estar firmemente ciente dos pequenos grupos que as mulheres gostam de formar e da maneira como falamos umas das outras. Eu adoraria dizer que essa situação é diferente entre as mulheres cristãs, mas na maioria dos lugares, não é. Como filhas amadas de Deus, precisamos ser sacudidas em nosso íntimo, levadas a nos colocar de joelhos, até começarmos a entender o preço que foi pago pela nossa redenção. Talvez então este mundo veja como é o amor de Deus pela maneira como tratamos umas às outras. Vivemos em uma época em que os jovens estão deixando a Igreja em massa. Em 2012, o centro de pesquisas Pew publicou o artigo "Nones, on the rise" [Cresce o número de "nenhuma"], no qual relata que um terço de todos os norte-americanos abaixo de trinta anos dizia que sua afiliação religiosa era "Nenhuma".[4]

Talvez a nossa hipocrisia em perseguir outras coisas em lugar de Jesus os tenha mandado embora correndo. A não ser que tenhamos sido radicalizados pela cruz, seremos inevitavelmente radicalizados por alguma outra coisa, quer seja o dinheiro, os relacionamentos, a posição social ou a nossa própria marca de santidade. Somente a cruz nos chama a subir mais alto enquanto nos coloca de joelhos, para viver vidas nas quais negamos a nós mesmos e priorizamos as necessidades dos outros. Somente uma visão da grandeza de Deus faz com que abdiquemos da nossa busca por coisas e, em vez disso, nos ajoelhemos aos seus pés.

Ao longo de sua vida, o rei Davi viu seu reino subir às alturas prometidas a Abraão. Aqueles foram dias emocionantes. Ele derrotou enormes exércitos e viu Deus interferir nos planos daqueles que tentaram eliminá-lo, restaurando-o novamente ao trono de Israel. Davi permitiu que seus anseios o levassem ao tipo de pecado que levou outros à morte e à devastação. Foram dias de humilhação. Mas Paulo, o grande apóstolo, disse: "Depois de rejeitar Saul, [Deus] levantou-lhes Davi como rei, sobre quem testemunhou: 'Encontrei Davi, filho de Jessé, homem segundo o meu coração; ele fará tudo o que for da minha vontade'" (Atos 13:22).

À medida que virávamos as páginas da vida de Davi, vimos pecado, mas também vimos humildade, adoração, verdade, esperança, arrependimento, força e amor. O maior presente da vida do rei Davi para mim é este: sua absoluta confiança na bondade e na misericórdia de Deus, independentemente do que estivesse ocorrendo ao redor dele.

A história de Davi me lembra que não é como você começa sua vida que importa, mas como você a termina. Quando o profeta Samuel foi ungir o próximo rei, você se lembrará de que o pai de Davi nem sequer pensou em incluí-lo. Ele era apenas o garoto no campo com as ovelhas. Eu era apenas a menina que andava enquanto dormia e tinha pesadelos nos quais seu pai não estava realmente morto, mas voltava e acabava com ela.

E você? O que aconteceu nos dois primeiros capítulos de sua vida que fez com que você se declarasse vencida? Creio que isso vai mudar. Ao viajar ao redor do mundo, vejo que Deus está levantando um exército de mulheres comuns. Não parecemos ser grande coisa nem gerar preocupação, mas somos poderosas. Somos aquelas que estão cansadas de ouvir o "não" do inimigo com relação às nossas vidas e que estão prontas para acreditar no "sim" de Deus!

Dizer *sim* é a busca apaixonada do restante de minha vida, a esse chamado às filhas de Deus para viver uma história melhor, uma vida maior. Seja qual for o seu caminho até este momento (a não ser que haja uma marca de giz branco ao redor do seu corpo), não é tarde demais para mudar, para se levantar e ser a mulher que Deus a chamou e a criou para ser. Você não é definida pelo passado. Você está qualificada pelo grande Eu Sou.

Quando tracei o conteúdo deste livro, fiz isso com a consciência de diversas circunstâncias em minha vida. Eu sabia que os anseios que tive no passado por proteção ou solução levaram a lugares escuros, difíceis e a becos sem saída. Sempre que esperei encontrar a completa realização em outra pessoa ou situação, tive decepções. Sei também que o desejo desesperado do meu coração é navegar pelo labirinto deste mundo caótico para encontrar Aquele que me ama como eu anseio ser amada. Essas duas realidades têm me impulsionado. Não sou alguém que escreve como uma especialista em um assunto. Sou alguém que escreve movida por uma fome de entendimento.

Amo meu marido, Barry. Passamos por muitas coisas difíceis, mas eu o amo. Eu o amo agora por razões diferentes das que tinha há vinte anos.

Recentemente, minha amiga Lisa Whelchel e eu estávamos ministrando em um evento na Redeemer Church, de Tim Keller, no centro de Nova York. Aproveitamos um pouco de tempo a sós no vestiário para colocar a conversa em dia. Ela não é fã de conversa fiada e adora fazer perguntas diretas. Então ela me perguntou:

— O que você mais ama no Barry?

Pensei por um instante. Há vinte anos eu teria dito que amava a aparência dele, seu senso de humor e sua criatividade. Naquela noite, porém, minha resposta não foi nenhuma dessas coisas. Eu disse a Lisa:

— Amo o fato de ele dizer a verdade e assumir quando errou.

Esse é um grande dom. Não acho que podemos pedir muito mais um do outro que isso. Sem dúvida, seria bom se nunca errássemos, mas verifique o seu endereço. A não ser que esteja escrito nele "Ruas de Ouro, Quarta Mansão à Esquerda", não estamos em casa ainda. E Barry não aceitará nada menos de mim. Quando alguma situação foi claramente provocada por mim, assumo meu erro e peço a Deus para me ajudar a viver de modo diferente.

Sentada em minha escrivaninha hoje olhando para trás, para a minha vida, vejo duas coisas das quais não posso escapar: os fracassos das minhas escolhas e a fidelidade de Deus. Quero tanto que vocês vejam isso, garotas! Nos piores dias da minha vida, convivendo com as piores escolhas que eu poderia ter feito, Deus estava lá. Ele nunca me deixou. Ele nunca se reclinou para trás e disse: "Bem, você errou de novo. Esta era a sua última chance!" Ele nunca deixou você também, nunca o fez e nunca o fará. Seu amor por nós não se fundamento no nosso desempenho perfeito, mas no amor perfeito de Deus por nós.

Se eu pudesse resumir meu coração neste livro sobre anseios, seria assim: Deus está 100% ao seu lado. Ele ama você e a recebe exatamente como você é. Ele nunca a abandonará, nunca estará ocupado demais, nunca deixará de ouvir e nunca escolherá estar com outra pessoa em seu lugar. Um dos atributos do nosso grande Pai é que ele é onipresente. Ele está com você agora mesmo assim como está comigo. Mas a não ser que você creia nisso, nunca confiará a ele seus mais profundos anseios. Em vez disso, tentará satisfazer o seu anseio fora de quem ele é e do que ele oferece.

Então, essa é a escolha. Você vai crer?

Mas não aceite apenas a minha palavra sobre o quanto Deus é louco por você: vamos ver o que Jesus tinha a dizer.

Você se lembra da história que Jesus contou sobre três coisas perdidas? A ovelha perdida, a dracma perdida e o garoto perdido? (Dois garotos perdidos, na verdade, mas vamos ver isso em um instante). Essas estórias estão em Lucas 15, um capítulo geralmente mencionado como "o Evangelho dentro do Evangelho".[5] A ovelha se perdeu, a dracma desapareceu, e um dos garotos foi embora deliberadamente enquanto o outro ficou onde estava. A mensagem de Cristo a todos os que estavam ouvindo naquele dia foi radical e nem um pouco ambígua: quer você tenha se desviado de Deus, caído ou decidido que já estava farto e tenha se virado e ido embora, Deus nunca deixaria de procurar por você.

Vamos colocar a história em seu contexto. Os líderes religiosos e os mestres da época achavam o comportamento de Cristo profundamente perturbador. Uma coisa é jogar uma moeda para um mendigo, outra muito diferente é olhá-lo nos olhos e falar com ele; sentar-se para comer com ele é ridiculamente inaceitável. Compartilhar uma refeição com alguém é algo pessoal e íntimo porque coloca você no mesmo nível da pessoa com quem você parte o pão. Os fariseus tinham uma classificação para os pecadores que não cumpriam a Lei (algumas coisas nunca mudam). Eles os chamavam de "o Povo da Terra".

Em seu comentário *O evangelho de Luca*s, William Barclay escreveu sobre o código rígido que os fariseus seguiam.

> Quando um homem é um dentre o Povo da Terra, não confie dinheiro a ele, não pegue o testemunho dele, não confie a ele segredo algum, não o indique como guardião de um órfão, não o coloque na custódia de fundos de caridade, não o acompanhe em uma jornada.[6]

Quanto mais aprendemos sobre os costumes e o modo da vida diária de Cristo, mais entendemos o quanto sua história foi radical. Lucas, o médico, um dos seguidores de Cristo que teria certa posição social na multidão pomposa, viu a hipocrisia em levar o nome da religião, mas não o coração da mesma. "Todos os publicanos e pecadores estavam se reunindo para ouvi-lo. Mas os fariseus e os mestres da lei o criticavam: 'Este homem recebe pecadores e come com eles'" (Lucas 15:1-2).

Cristo, o maior contador de histórias de todos, iniciou a histórias das três coisas perdidas com a de uma ovelha perdida:

> Qual de vocês que, possuindo cem ovelhas, e perdendo uma, não deixa as noventa e nove no campo e vai atrás da ovelha perdida, até encontrá-la? E quando a encontra, coloca-a alegremente nos ombros e vai para casa. Ao chegar, reúne seus amigos e vizinhos e diz: "Alegrem-se comigo, pois encontrei minha ovelha perdida". Eu lhes digo que, da mesma forma, haverá mais alegria no céu por um pecador que se arrepende do que por noventa e nove justos que não precisam arrepender-se (Lucas 15:4-7).

Essa foi uma história chocante e ofensiva para os mais rígidos dos judeus. De acordo com o comentário de Barclay, eles viviam segundo o código: "Há alegria no céu por um pecador que é eliminado diante de Deus".[7] Mesmo para aqueles que acreditavam que Deus receberia um pecador que viesse a ele da maneira correta, esse era um ensinamento radical e totalmente novo. A ideia de que Deus seria realmente aquele que daria início à busca era algo que nunca se ouvira falar. Não apenas isso, a história era sobre alegria!

Os pastores conheciam bem suas ovelhas. Não era raro uma se perder, mas elas raramente encontravam o caminho de volta. Nessa história, Cristo apresentou seu Pai aos ouvintes de uma maneira que eles jamais haviam ousado imaginar. Parecia bom demais para ser verdade. Ele disse aos escribas e fariseus, sabendo que os quebrantados e machucados estavam ouvindo, que se uma de suas ovelhas se perdesse, Deus não apenas iria procurá-la, como também a levaria para casa e convidaria os outros para se juntarem à celebração quando a encontrasse. Nunca se ouvira falar nisso! Nosso Deus gosta de festas! Ele se alegra por nossa causa!

Essa história é profundamente pessoal para mim. Meu pai tinha uma linda voz. Um de seus amigos me disse certa vez: "Era o tipo de voz que fazia você querer amar mais a Deus". O hino que ele mais gostava de cantar era: "As Noventa e Nove". Depois da morte de meu pai, era muito difícil para mamãe ouvir esse hino. Eu tinha medo de ver esse número aparecer no quadro de hinos da nossa igreja quando era criança, sabendo que mamãe choraria o tempo todo. O choro não era a parte mais difícil; era o fato de que nunca realmente falamos sobre o que havia acontecido com meu pai. Era simplesmente algo terrível que havia acontecido no passado, mas havíamos seguido em frente.

Eu nem mesmo sabia onde meu pai havia sido enterrado.

Anos mais tarde, depois que tive alta do hospital psiquiátrico, voei até à Escócia. Havia muitas peças faltando no quebra-cabeça dos primeiros anos da minha vida que eu queria colocar no lugar. Embora quisesse honrar minha mãe e não remexer esses fatos, eu precisava desesperadamente de certo fechamento nessa situação para mim mesma. Então visitei o lugar onde a vida do meu pai terminou. Eu não sabia o local ao certo, apenas que ele havia fugido do hospital uma noite e se afogado no rio.

Era um dia frio e úmido enquanto eu dirigia o carro alugado, passando pelos portões do hospital até o estacionamento ao lado. Saí do carro e puxei a gola do meu casaco para cima ao redor do pescoço para me livrar do vento. Andei pela grama até a margem do rio. Não sei o que eu estava procurando. Compreensão? Remorso? Tristeza? Não faço ideia. O que eu esperava encontrar? Esperança. Enquanto estava de pé junto à margem e olhava para a água clara que se movia, senti a presença de Cristo comigo. As palavras do hino que havia assombrado os anos da minha adolescência agora traziam consolo, principalmente estes dois versos escritos por Elizabeth C. Clephane em 1868:

Mas nenhum dos remidos jamais soube
O quanto eram profundas as águas atravessadas;
Nem o quanto era escura a noite que o Senhor atravessou
Aqui ele encontrou a sua ovelha que estava perdida.
No deserto ele ouviu o seu grito.
Enferma e impotente e pronta para morrer
Enferma e impotente e pronta para morrer.

E através das montanhas, fendidas por trovões
E do alto das escarpas rochosas
Ergueu-se um grito de alegria até os portões do céu,
"Alegrem-se! Encontrei a minha ovelha!"
E os anjos ecoaram ao redor do trono,
"Alegrem-se, pois o Senhor traz de volta os que são seus!
Alegrem-se, pois o Senhor traz de volta os que são seus!"[8]

Creio que em sua grande misericórdia, Cristo encontrou meu pai naquela noite escura, ferido na mente e no espírito, perdido, enfermo e impotente, e levou-o para casa. Qual era o anseio do meu pai naquela noite? Estou certa de que ele ansiava apenas por uma coisa: ir para casa. Naquele retorno para casa, ele finalmente soube que o amor de Deus era muito maior que suas feridas, muito mais amplo que o seu delírio desesperado.

Você acha isso escandaloso? Certamente é isso que os líderes religiosos teriam pensado. Como você pode fazer a pessoas cumprirem o regulamento com esse tipo de mensagem enfeitada pela graça? Mas Jesus não havia terminado. Mais amor viria, porque em seguida ele contou uma história sobre uma moeda perdida:

> Ou, qual é a mulher que, possuindo dez dracmas e, perdendo uma delas, não acende uma candeia, varre a casa e procura atentamente, até encontrá-la? E quando a encontra, reúne suas amigas e vizinhas e diz: "Alegrem-se comigo, pois encontrei minha moeda perdida". Eu lhes digo que, da mesma forma, há alegria na presença dos anjos de Deus por um pecador que se arrepende (Lucas 15:8-10).

A moeda perdida poderia parecer um bem menor aqui entre essas histórias, mas ela valia cerca do salário de um dia de trabalho para um homem. Para a mulher que a perdera, porém, ela representava muito mais. A marca de uma mulher casada naqueles dias eram dez moedas de prata em uma corrente que ela usava ao redor da cabeça. Perder uma delas seria como perder uma aliança de casamento.

Perdi minha aliança de casamento há seis anos. Ainda não a encontrei, e ainda não desisti. Creio que provavelmente ela foi embora com o lixo. Embora sejamos uma família de apenas três pessoas mais os três cães, produzimos lixo suficiente para um pequeno país. No dia que percebi que minha aliança havia desaparecido, arrastei três latas de lixo até a grama do nosso jardim dos fundos e esvaziei-as. Foi um trabalho terrível procurar entre sacos de chá usados, cascas de ovos e migalhas de pão encharcado, tudo em vão. Ainda hoje, se visto alguma coisa que não tenho usado há algum tempo, verifico os bolsos e o forro, esperando "contra a esperança" encontrá-la.

Na história de Cristo, a mulher com a moeda perdida não descansa até encontrá-la. Cristo coloca mais uma pérola espiritual nessa curta história sobre a salvação. "Alegrem-se comigo, pois encontrei minha moeda perdida" (Lucas 15:9). Você pode ver a beleza da possessão aqui? A *minha* moeda perdida! Para aqueles que se sentiram como estranhos por tanto tempo, Deus em Cristo agora os possui, não no sentido de propriedade, mas como um pai amoroso cuida de seus filhos.

Porém, novamente, Jesus leva essa verdade a um nível ainda mais profundo com a história do filho pródigo. Eu pensava que essa era uma história sobre um filho ingrato que fugiu, mas agora entendo que é a história de uma festa, uma grande e gloriosa festa que Deus deu para todos aqueles que ousem vir e participar!

Talvez pareça estranho concluir este livro sobre anseios analisando três histórias encontradas no evangelho de Lucas. Afinal, o rei Davi não está no evangelho de Lucas. Peço licença para discordar. Eu lhe mostrarei por que, pois não tenho a menor dúvida de que o rei Davi está nessa mesma festa.

Eu seu adorável livro *Come to the Party* [Venha para a festa], Karl Olsson diz que se você tentar espalhar a mensagem de que o Evangelho é uma grande festa ordenada por Deus, descobrirá que as pessoas se encaixarão em um destes quatro grupos:

1. Os que duvidam que haja uma festa.
2. Os que acreditam que há uma festa em algum lugar, mas eles não foram convidados.
3. Os que acreditam que há uma festa e eles foram convidados, mas não merecem ficar.
4. Os que são convidados, vão e ficam.[9]

Se as duas primeiras histórias fizeram a pressão dos fariseus subir, esta última deve ter lhes causado um infarto. Ela ia contra tudo que fazia sentido para as pessoas boas, religiosas e justas. Por outro lado, Jesus não andava com esse tipo de pessoas. Como disse Holden Caulfield em *O apanhador no campo de centeio*, (referindo-se aos discípulos cristãos): "Eles ficaram bem depois que Jesus estava morto, mas enquanto ele estava vivo, eles eram tão úteis a ele quanto um furo na cabeça".[10]

"Jesus continuou: 'Um homem tinha dois filhos. O mais novo disse ao seu pai: 'Pai, quero a minha parte da herança'. Assim, ele repartiu sua propriedade entre eles'" (Lucas 15:11-12).

Essa história é a mais ofensiva de todas. Você pode entender uma ovelha se perdendo ou uma moeda caindo em um piscar de olhos, mas esse garoto, ah, ele é egoísta, arrogante, sem consideração pelos sentimentos de seu pai. Ele está dizendo, basicamente: "Eu adoraria ficar por aqui até você morrer, mas sabe-se lá quanto tempo isso vai levar, então estou saindo fora!" Se eu fosse a mãe dele, teria lhe dado uns sopapos com tanta força que ele estaria ouvindo "Jingle Bells" por vários Natais dali em diante!

Então, desde o começo os ouvintes não gostam da história. Os fariseus já estão pensando que esse pai não merece compaixão. Pela Lei, ele deveria ter simplesmente deserdado o filho e o deixado de lado. Mas Jesus continuou:

> Não muito tempo depois, o filho mais novo reuniu tudo o que tinha, e foi para uma região distante; e lá desperdiçou os seus bens vivendo irresponsavelmente. Depois de ter gasto tudo, houve uma grande fome em toda aquela região, e ele começou a passar necessidade. Por isso foi empregar-se com um dos cidadãos daquela região, que o mandou para o seu campo a fim de cuidar de porcos. Ele desejava encher o estômago com as vagens de alfarrobeira que os porcos comiam, mas ninguém lhe dava nada (Lucas 15:13-16).

Finalmente, no entender dos fariseus, a história teve algum propósito redentor. Um final perfeito para uma história terrível... Um garoto judeu insulta seu pai e acaba em um pesadelo judeu, alimentando porcos! Mas Jesus não parou por aí.

> Caindo em si, ele disse: "Quantos empregados de meu pai têm comida de sobra, e eu aqui, morrendo de fome! Eu me porei a caminho e voltarei para meu pai, e lhe direi: 'Pai, pequei contra o céu e contra ti. Não sou mais digno de ser chamado teu filho; trata-me como um dos teus empregados'" (vv. 17-19).

Que absurdo!

Você consegue ouvir a multidão murmurando?

Ele não voltou para casa por estar arrependido, mas porque estava com fome!

Mande-o embora!

Ingrato miserável!

Mas espere! A história está longe de terminar.

"A seguir, levantou-se e foi para seu pai. Estando ainda longe, seu pai o viu e, cheio de compaixão, correu para seu filho, e o abraçou e beijou" (v. 20).

Tenho certeza de que, agora, a multidão ficou irada. Lucas não nos diz nada sobre isso. Ele era um médico, dava apenas a quantidade mínima de informações e nada mais! Para um pai respeitável, segurar suas vestes e correr era algo incomum. Um pai como esse correr para o filho que o havia insultado seria algo impensável e escandaloso. Era exatamente esse o ponto.

O amor de Deus é escandaloso.

O amor de Deus é impensável.

O amor de Deus não faz sentido.

O amor de Deus é como o amor de Deus; não se compara ao de ninguém mais.

E essa é a razão pela qual o irmão do pródigo não gostou disso.

É também a razão pela qual grande parte da Igreja também não gosta disso, porque não é... Justo. Sim, lá vamos nós de novo. O amor de Deus não é justo.

> Mas ele respondeu ao seu pai: "Olha! todos esses anos tenho trabalhado como um escravo ao teu serviço e nunca desobedeci às tuas ordens. Mas tu nunca me deste nem um cabrito para eu festejar com os meus amigos. Mas quando volta para casa esse teu filho, que esbanjou os teus bens com as prostitutas, matas o novilho gordo para ele!" (Lucas 15:29-30).

Debaixo de todo aquele bom comportamento, a raiva espreitava. Ambos os filhos eram bastante problemáticos. A diferença é que um deles deixava isso mais óbvio que o outro. Eu fui o irmão mais velho por anos. Era aquela que fazia todas as coisas certas pelas razões erradas. A história realmente não é sobre os garotos; é sobre o pai deles. Se deixarmos passar esse fato, deixamos passar todo o sentido. De Gênesis a Apocalipse, a história na verdade não se resume a nós; ela se resume ao nosso Pai. Alguns de nós fugimos e festejamos. Alguns ficaram em casa e foram responsáveis. Mas nós não somos os heróis da história — o Pai é que é. Ele espera por todos nós.

Durante todo o tempo em que o filho "mau" esteve fora, o filho "bom" poderia ter simplesmente apreciado estar com seu pai, ficando com ele junto ao portão, olhando a estrada ou o sol se pôr. Ele poderia ter se juntado a ele na varanda dos fundos, tomando uma xícara de café enquanto o sol de um novo dia começava a nascer. Mas ele estava ocupado demais cuidando da vida. Na verdade, ele queria o que seu pai tinha tanto quanto o outro irmão. Ele também não entendeu que o que seu pai queria era que os meninos quisessem estar com ele. Ele queria relacionamento.

"Olha! todos esses anos tenho trabalhado como um escravo ao teu serviço". Ele não entendeu nada!

O que o pai estava procurando era um homem segundo o seu coração.

Talvez os campos fossem uma preparação melhor para entender o que Deus está procurando do que um palácio jamais poderia ser. Davi deve ter se sentido muito pequeno nas noites claras, quando olhava para as estrelas e cantava suas canções para os céus, mas o relacionamento que começou ali o levou até a última canção que ele cantou:

Das alturas estendeu a mão e me segurou;
tirou-me de águas profundas.
Livrou-me do meu inimigo poderoso,
dos meus adversários, que eram fortes demais para mim.
Eles me atacaram no dia da minha calamidade,
mas o SENHOR *foi o meu amparo.*
Deu-me ampla liberdade;
livrou-me, pois me quer bem.
(2Samuel 22:17-20)

Ele me livrou porque me quer bem — segundo as palavras de Davi. Esse é o resumo de todo o Evangelho.

Ele nos resgatou porque tem prazer em nós, não porque acertamos ou erramos. Simplesmente porque ele tem prazer em nós e nos convida a ter prazer nele.

Big Billy conhecia os meus segredos e parecia me amar mesmo assim. E enquanto eu transferia meu anseio e afeição dele para as coisas, para as pessoas e qualquer coisa que eu pensasse que me satisfaria, Jesus estava dando uma incrível festa da graça, e meu nome estava no convite. Ele me conhecia — com falhas e tudo — e ainda queria passar tempo comigo. Muito mais do que um animal de confiança empalhado que não podia falar, Jesus provou sua amizade a mim inúmeras vezes. Meu anseio foi redirecionado para ele, e ele me encheu. Meu coração coberto de buracos está transbordando, sabendo que esta garota quebrantada agora tem um lar e uma festa para ir.

Talvez, amiga, você queria sacudir a poeira do seu vestido de festa, aparecer, e ficar para a festa também.

AGRADECIMENTOS

TENHO UMA PROFUNDA DÍVIDA DE GRATIDÃO PARA com Lysa TerKeust e a Compel Team, por seu acréscimo criativo ao início deste projeto. Vocês são brilhantes e generosos em tudo o que fazem.

Agradeço a Kristen Parrish por seu inestimável acréscimo editorial e por sua paciência lendária.

Agradeço a Janene MacIvor pelo amor e cuidado que dedica a cada um dos projetos nos quais trabalhamos juntas.

Agradeço a Mary DeMuth por me ajudar a dizer o que está em meu coração com clareza e paixão.

Agradeço a Brian Hampton e sua equipe editorial por seu apoio e contribuição inestimáveis.

Agradeço a Jeff James, Stephanie Tresner e Tiffany Sawyer por darem a este projeto sua competência em marketing.

Agradeço a Kristen Ingebretson e Mallory Collins por criarem uma capa e um design interior maravilhosos.

Agradeço a Esther Fedorkevich e a Fedd Agency por sua visão, cuidado e paixão.

Agradeço a James e Betty Robison por seu amor e apoio. Sou profundamente grata por ter sido chamada por Deus para trabalhar lado a lado com vocês na *Life Today* e na *The Stream.*

Agradeço a meu marido, Barry, e a meu filho, Christian. Vocês trazem muita alegria e amor à minha vida.

NOTAS

Epígrafe

1. C. S. Lewis, *The Weight of Glory and Other Addresses [O peso da glória.* São Paulo: Editora Vida, 2011*]*, HarperCollins e-books.

Introdução

1. George Eliot, *Mill on the Floss, Silas Marner, The Lifted Veil, and Brother Jacob* (Chicago, Nova York, San Francisco: Belford, Clarke & Co., 1889), 288. Esta citação é de *The Mill on the Floss*.
2. T. S. Eliot, "Little Gidding", seção 5, em *Four Quartets* (Nova York: Harcourt, 1971), 59.

Capítulo 1: O anseio por ser escolhida

1. Mike Colaw, "Column: The Deepest Longing of the Human Heart", *Current in Fishers*, 3 de junho de 2014, http://currentinfishers.com/column-deepest-longing-human-heart/.
2. Marc Stein, *Twilight Exposed! The Inside Story of a Billion-Dollar Franchise* (Marc Stein, 2011), 271.
3. G. Frederick Owen, *Abraham to the Middle-East Crisis* (Grand Rapids: Eerdmans, 1939, 1957), 45.

Capítulo 2: O anseio por ser protegida

1. Sigmund Freud, *Civilization and Its Discontents* (Nova York: Norton, 2005), 47.

Capítulo 3: O anseio pelo que já passou

1. Sue Monk Kidd, *The Mermaid Chair* (Nova York: Penguin, 2005).
2. Warren W. Wiersbe, *The Wiersbe Bible Commentary: Old Testament* (Colorado Springs: David C. Cooke, 2007), 524.

Capítulo 4: O anseio por controle

1. Thomas à Kempis, *The Imitation of Christ [Imitação de Cristo. São Paulo: Martin Claret, 2015].* (Brookfield, IL: Letcetera Publishing, 2015).
2. Walter Scott, *Scott's Poetical Works: Marmion* (Londres: Adam & Charles Black, 1896), 228. (Canto VI, Stanza XVII).

Capítulo 5: O anseio pelos seus direitos

1. J. R. R. Tolkien, *The Fellowship of the Ring* (Nova York: Houghton Mifflin, 1994), 58.
2. As citações de Andrew Chan neste capítulo são de Chris Makin, "Following Jesus on Death Row", Bible Society, 3 de agosto de 2013, http://www.biblesociety.org.au/news/following-jesus-on-death-row.

Capítulo 6: O anseio por aquilo que você pensa que precisa para ser feliz

1. E-mail pessoal para o autor, permissão concedida.
2. "The Eagle and the Wolf", website de histórias e poemas cristãos, acesso em 21 de julho de 2015, http://www.inspirationalarchive.com/1376/the-eagle-and-the-wolf/.
3. Charles R. Swindoll, *David: A Man of Passion and Destiny* (Nashville: W Publishing Group, 2000), 299.
4. Dietrich Bonhoeffer, *Temptation* (Nova York: Macmillan, 1935), 116-17.

Capítulo 7: O anseio por fazer tudo certo

1. Sir Walter Scott, *The Complete Works of Sir Walter Scott, Vol. II* (Nova York: Conner & Cooke, 1833), 49.
2. Alan Redpath, *The Making of a Man of God* (Grand Rapids, MI: Revell, 1962), 241.

Capítulo 8: O anseio pelo que glorifica a Deus

1. Charles Dickens, *David Copperfield* (Orchard Park, NY: Broadview Press, 2001), 405.
2. John W. Lawrence, *Life's Choices* (Portland: Multnomah, 1975), 39.
3. Gene Edwards, *A Tale of Three Kings* (Wheaton, IL: Tyndale, 1980), 98.

Capítulo 9: O anseio por compartilhar a graça e a misericórdia que recebemos de Deus

1. Anugrah Kumar, "Brennan Manning, Author of 'The Ragamuffin Gospel', Passes Away", *CP Post*, 14 de abril de 2013, http://www.christianpost.com/news/brennan-manning-author-of-the-ragamuffin-gospel-passes-away-93895/.
2. Augustus M. Toplady, "Rock of Ages, Cleft for Me", verso 3. Música de Thomas Hastings. Domínio público.
3. Charles R. Swindoll, *David: A Man of Passion and Destiny* (Nashville: W Publishing Group, 2000), 289.
4. Ian Maclaren, *Beside the Bonnie Brier Bush*, repr. (n.p.: Hard Press, 2006), 64-65, 62-63.
5. Ibid., 66.

Capítulo 10: O anseio por Deus somente

1. Miguel de Unamuno, *Tragic Sense of Life*, tradução de J. E. Crawford Flitch (n.p.: SophiaOmni Press, 2014), 145.
2. Bruce Marshall, *The World, The Flesh and Father Smith*, book club ed. (Nova York: Houghton Mifflin, 1945), 108.
3. Agostinho, *The Confessions of Saint Augustine [Confissões. Porto: Livraria Apostolado da Imprensa, 1977]*, livro 1.
4. Pew Research Center, "'Nones' on the Rise", 9 de outubro de 2012, Pew Forum, http://www.pewforum.org/2012/10/09/nones-on-the-rise/.
5. William Barclay, *The Gospel of Luke*, rev. upd. ed. (Louisville: Westminster John Knox, 2001), 236.
6. Ibid., 236-37.
7. Ibid., 237.
8. Elizabeth Cecelia Douglas Clephane, "The Ninety and Nine," letra em HymnTime.com, http://www.hymntime.com/tch/pdf/n/i/n/The%20Ninety%20and%20Nine.pdf. Domínio público.
9. Karl A. Olsson, *Come to the Party* (Waco, TX: Word, 1972), 19.
10. J. D. Salinger, *The Catcher in the Rye* (Nova York: Bantam, 1969), 99.

SOBRE A AUTORA

SHEILA WALSH É UMA COMUNICADORA PODEROSA, mestra da Bíblia e autora de best-sellers, com mais de cinco milhões de livros vendidos. Sendo a conferencista líder do Women of Faith por vinte anos, Sheila alcançou mais de cinco milhões de mulheres com sua honestidade, vulnerabilidade e humor ao ministrar a Palavra de Deus.

Ela é a autora de *Tempestade da Alma* e *Loved Back to Life* [De volta à vida pelo amor], e foi indicada para a Medalha de Ouro por *The Heartache No One Sees* [O sofrimento que ninguém vê]. O livro e a série de vídeos *Gigi, A Princesinha de Deus* conquistaram o prêmio National Retailer's Choice Award por duas vezes e são a marca cristã mais popular dos Estados Unidos para meninas. Sheila foi uma das apresentadoras do programa *Clube 700* e de seu próprio programa *Heart to Heart with Sheila Walsh* [De coração para coração com Sheila Walsh].

Twitter: @SheilaWalsh

Facebook: facebook.com/sheilawalshconnects

Instagram: Sheilawalsh1

Este livro foi impresso em 2016, pela
Assahi Gráfica, para a Thomas Nelson Brasil.
A fonte usada no miolo é Adobe Garamond Pro
corpo 12. O papel do miolo é avena $80g/m^2$
e o da capa é cartão $250g/m^2$.